はじめてでもおいしくできる

梅干し・梅レシピの基本

小川 睦子

はじめに

梅干し作りは楽しい。そしておいしい。

古来から受け継がれてきた伝統的手法でしっかりと丁寧に作れば、
それはそれは美味なる梅干しに。
21世紀を生きる現代人として、
手抜きをして、超お手軽に作っても、ちゃんとおいしい。
どちらも、作る楽しみがあって、手作りならではの、おいしさを味わうことができるのです。

春がおわる頃、青い梅のみずみずしくてはちきれそうな姿。
梅雨時期、熟した梅のうっとりするような芳醇な香り、

見ているだけで元気が出てくる鮮やかな黄熟の色。
塩に漬けてあげると、少しずつ色が変わって、柔らかくほぐれていく様子。
初夏、赤ジソが入ると、ルビーみたいに鮮やかな赤に染まる瞬間。
お日様を浴びて、だんだん梅干しらしい顔に変化していく夏の日。
何回作っても、どのシーンも素敵なのです。
ああ、梅ちゃん、なんてかわいくて素晴らしいのでしょう。

梅は、健康作りに役立つとか、いいことが色々あります。
でも、何よりも手作りするのはとっても楽しくって、本当にものすごくおいしいのです。

場所や時間がなくっても大丈夫。
日々忙しく過ごしている方でも作ってもらえるよう、
袋ひとつで、とことん手間を省いた方法もご用意しました。
もちろん、梅干しだけでなく、梅で作れる様々なおいしいものもご紹介しています。

生の梅が手に入るのは年に一度、5～6月だけ。
ぜひとも、梅仕事の楽しみ、食べる楽しみ、作ったものをさらにアレンジして
おいしく味わう楽しみを体験していただけたらうれしいです。

小川《おがわ》　睦子《ときこ》

はじめてでもおいしくできる 梅干し・梅レシピの基本

PART 2

梅干しのバリエーション

アレンジ梅干しを楽しみましょう

梅酢を使いこなす

赤ジソを使った料理

PART 4

広がる梅仕事

様々な梅仕事を楽しみましょう

PART 5

梅で楽しむ飲み物とおやつ

甘い楽しみが待っています

この本の使い方

●材料の分量について
できあがりの人数分、個数などの表記がないものは作りやすい分量で表記しています。料理は2人分が目安です。

●計量器具について
大さじ1は15ml、小さじ1＝5ml、1カップは200mlです。

図の見方

酸っぱさとしょっぱさ（甘さ）の目安と、どんな熟し加減の梅が向いているかを表しています。

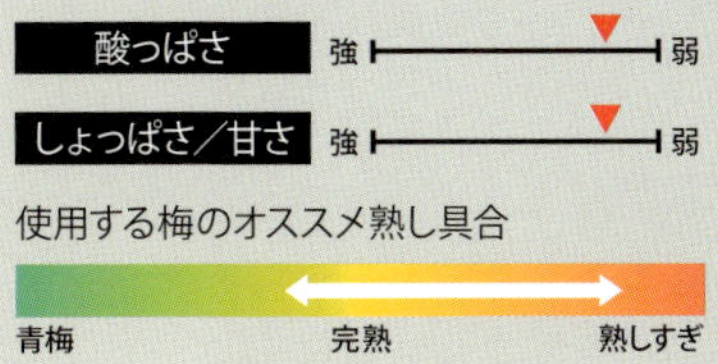

所要10分！ 今すぐできる

とにかく簡単な梅干し

すぐできるのに
ちゃんとおいしい！

初めてでも、忙しくても大丈夫。思いたったらすぐ作れて、失敗なし。とっても簡単な梅干し作りです。梅干し作りは主に6月で、年に1回。逃さずにぜひトライを。チャンスは省略しても大丈夫な工程はとことん省いた手間なし梅干しです。

作り方の流れ

6月 漬け込み ⬅ 10月 食べ頃

梅を手に入れたら、塩で漬けるだけ。作業はたった10分程度。2～3ヶ月目から食べることができますが、半年くらい経ったほうがさらにおいしくなります。

食べ頃になるまで、常温の室内に置いておきます。茶色っぽく柔らかそうな見た目になればOK。塩辛く感じる時はさらに置いておきましょう。時間がおいしくしてくれます。

材料

梅……………………1kg

塩……………………180g

（梅の重量の18%）

＊ジップ付き袋（大サイズ）を2枚用意。

＊梅の分量に合わせて塩を用意。

＊しょっぱい味が苦手な方は、16%くらいまで減らしても大丈夫です。

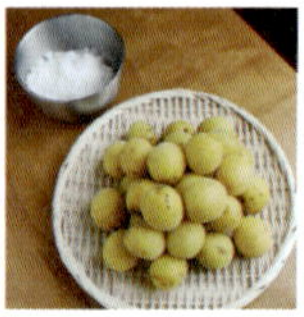

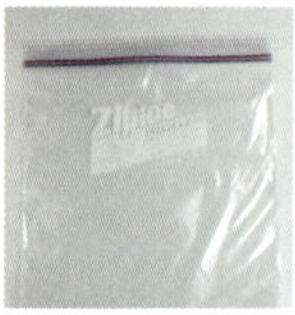

分量早見表

梅500g

塩90g　ジップ付き袋（中サイズ）2枚

梅300g

塩54g　ジップ付き袋（中サイズ）2枚

梅200g

塩36g　ジップ付き袋（中サイズ）2枚

1kg以上を漬ける場合は、袋を2つ以上に分けて作るとよいです。

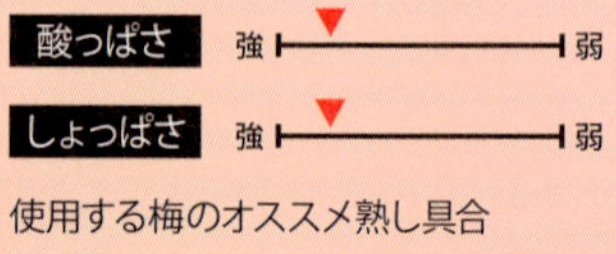

作り方

1 梅を用意します。

スーパーなどで販売されているものは通常1袋が1kgです。梅干し用と表示されているものをお求めください。5月頃から出回る梅酒用は熟し方が足りないので梅干し作りには向きません。

2 さらに熟すのを待ちます〈省略可〉。

梅がまだ青い場合は、紙袋や段ボールなどに移して（ポリ袋のままではカビたり腐敗しがちです）、黄色くなるまで2〜3日常温の室内に置きます。熟してくると家中が梅の香りに包まれます。

＊熟してから漬けたほうがふっくらした仕上がりでおいしいですが、時間がない場合、この工程は省いてもOK。

青い状態

このまま漬けてもOKですが、歯応えのあるややかたい仕上がりになります

熟した状態

いい香りがしている状態。ふんわり柔らかな仕上がりになります

3 梅を水で洗います。

ボウルに入れて2〜3回水を替えて洗います。

汚れが気になる場合はホワイトリカー（焼酎でも可）を少量使って洗うとよいでしょう

4 水気を拭きます。

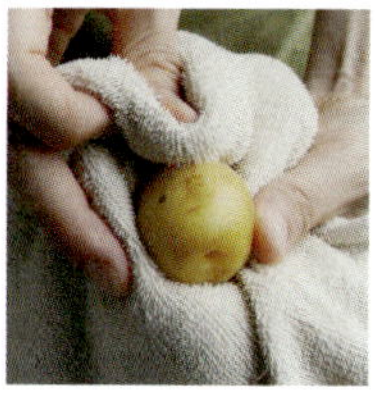

清潔なふきんやタオル、キッチンペーパーなどで水気を拭き取ります。

5 塩を入れます。

ジップ付き袋に梅と塩を入れ、空気を抜いて袋をしっかりと閉じます。シャカシャカ振って、塩を全体になじませましょう。液が漏れる可能性もあるので、袋は2枚重ねにすると安心です。

6 そのまま置きます。

塩を加えて数時間で梅から水分が出てきます。これが梅酢と呼ばれる梅のエキスです。漬け込んでから最初の1週間は1日に1回くらい軽く振って、梅酢を全体になじませるとよいでしょう。

漬けはじめの状態

翌日には水分がたっぷり

漬けたら待つだけ

このまま常温の室内に置いておきます。秋〜冬まで待てば食べ頃です。1週間〜10日ほど経って、梅酢がたっぷり出てきたら、消毒したガラスびんなどに移してもよいでしょう。

赤い梅干しにしたい場合は

ここで紹介しているのはとにかく簡単に作りたい人向けの方法です。赤ジソを入れないので、赤くなりません。赤い梅干しにしたい場合はP22参照。

干さなくていいの？

土用干しと呼ばれる天日干しをするとさらにおいしくなります。梅雨明けの晴れた日に行います。袋のままで干すなど、とても簡単な方法もあります。P26参照。

梅仕事カレンダー

梅の実の収穫やシソの出回り時期など、自然の恵みと四季の流れに合わせて行うのが梅仕事。主に5〜6月が仕込みの時期で、すぐに食べられるものもあれば、熟成させたほうがおいしいものもあります。

＊出回り時期は目安です。年によっても地域によっても異なりますのでご了承ください。

仕込み ⟷
食べ頃 ➡➡➡

	1月	2月	3月	4月	5月	6月	7月	8月	9月	10月	11月	12月
基本の梅干し（P16）						⟷					半年〜ずっと	➡➡➡
小梅の梅干し（P34）					⟷			10月〜ずっと	➡➡➡			
減塩の梅干し（P36）						⟷					半年〜1-2年	➡➡➡
はちみつ梅干し（P38）						⟷		9月〜1年	➡➡➡			
ほんのり甘い梅干し（P40）						⟷		9月〜1-2年	➡➡➡			
昆布漬け梅干し（P42）					⟷	⟷		9月〜1-2年	➡➡➡			
唐辛子漬け梅干し（P43）					⟷	⟷		9月〜1-2年	➡➡➡			
梅酢で漬ける梅干し（P44）						⟷		9月〜1-2年	➡➡➡			
カリカリ梅（P70）					⟷	➡➡➡	6月〜1年					
青梅の醤油漬け（P72）					⟷	➡➡➡	10日〜2ヶ月					
酢漬け梅（P74）					⟷	⟷	8月〜1-2年	➡➡➡				
梅ピクルス（P76）					⟷	➡➡➡	2日〜半年					
梅味噌（P78）					⟷	⟷	➡➡➡	2週間〜1年				
梅びしお（P80）					⟷	⟷	➡➡➡	すぐ〜半年				
梅ペースト（P82）					⟷	⟷	➡➡➡	すぐ〜1年				
梅酵母（P84）					⟷	⟷	➡➡➡	1週間〜1ヶ月	＊梅シロップの梅を使用すればいつでも酵母は起こせます。			
カリカリ砂糖漬け（P88）					⟷	➡➡➡	1週間〜1ヶ月					
煮梅（P90）					⟷	➡➡➡	すぐ〜1ヶ月					
梅ジャム（P92）					⟷	⟷	➡➡➡	すぐ〜2ヶ月				
梅肉エキス（P94）					⟷	➡➡➡	すぐ〜ずっと					
基本の梅シロップ（P96）					⟷	⟷	➡➡➡	2週間〜1年				
その他の梅シロップ（P98）					⟷	⟷	➡➡➡	2週間〜1年				
酵素ジュース（P102）					⟷	⟷	➡➡➡	2週間〜1年				
梅酒（P108）					⟷	⟷			3ヶ月〜ずっと	➡➡➡		
シソジュース（P118）						⟷	⟷	➡➡➡	すぐ〜1ヶ月			
	つぼみ	花	実がふくらみはじめる		青梅が出回る	梅干し用の梅が出回る		赤ジソが出回る				

梅の選び方

何を作る場合でも、品種にかかわらず、ふっくらとしてみずみずしいものがベスト。元気そうな梅を選んでください。熟し加減は作りたいものによって選ぶとよいでしょう。

熟し具合

カリカリ梅を作るなら青梅を。それ以外は梅干し用で作ります

青梅でなくては作れないもの（P18）以外は、ぜひ熟した梅で作ってみてください。一般的に青梅がおすすめと言われる梅酒や梅シロップも、熟した梅で作ると豊かな香りと濃厚な旨味が楽しめる絶品に仕上がります。

追熟のやり方

熟したもので作りたいがまだ青いという場合、段ボールやざる、紙袋などに入れ、室内で2〜3日置きます。全体的に黄色くなり、いい香りがしてきたら作業を開始してください。

青い → 熟している

完熟の状態

黄色く、豊かな香りが漂います

産地・品種など

さほど気にせず その時に手に入るもので

「自分の住んでいる場所に近い梅が一番おいしい」という言い伝えもあるとか。産地、品種によって少しずつ味が違い、それぞれにおいしさがあるので、色々試してみるとよいでしょう。

キズ

キズが少なく、きれいな実をセレクト

基本的には、キズや打ち身があまりないものを選びましょう。とはいえ、少々のキズであれば、さほど気にする必要はありません。果物を選ぶ感覚と同じです。キズや傷みがひどい場合は、ジャムや梅味噌などを作るとよいでしょう。

△カビ部分を除いてジャムなどに。梅干しは大きな打ち身は不可

○すべての梅仕事にOK

△ジャム、梅びしおなどに。黒い部分は歯触りがかため

△梅干しも問題なく作れる。見た目重視なら不可

△ジャム、梅びしおなどに。梅干しには向かない

○梅干しも問題なく作れるが打ち身が大きい場合は不可

鮮度

できるだけ採れたてを！入荷すぐの梅がおすすめです

梅の実は、収穫してから、あまり時間を置かずに作業を行うのが理想的です。お店の人に入荷日を確認してから購入するとよいでしょう。なお、梅の実は温度変化に弱いので、冷蔵庫から出した場合、常温で保存していたものよりも早いスピードでカビや腐敗が進む可能性もあります。お店で冷蔵庫に保管されていた梅は早めに作業を始めましょう。

梅の産地

収穫量の半数以上を占めるのは和歌山県。他は群馬県、山梨県、福井県、青森県、神奈川県など。年によって変動がありますが、全国の年間収穫量10〜12万トン程度。

梅の品種

南高梅は梅干し用に品種改良を行っているので、果肉部分が多く、柔らかな仕上がりになります。逆に庭や山野にあるものなど品種名が不明でも、原種に近い梅は力強い味が魅力。お好みで選ぶとよいでしょう。

南高梅

白加賀梅

鶯宿梅

紅映梅《べにさし》

甲州小梅

材料の選び方

おいしさを追求するなら、材料選びにもこだわりを。
梅仕事はどれも作り方がシンプルなだけに、
いい材料を使うとおいしさがぐっとアップします。

塩

ほんのり甘味を感じる塩が梅干し作りにはおすすめです

梅干しの材料は梅と塩が基本。塩選びで梅干しの味が変わります。おすすめはミネラルが多く含まれる粗塩タイプです。ほんのり甘味を感じるくらいの塩で作ると、深い旨味のある仕上がりになります。いい塩を使うと熟成を重ねた時に、味の違いが際立ちます。

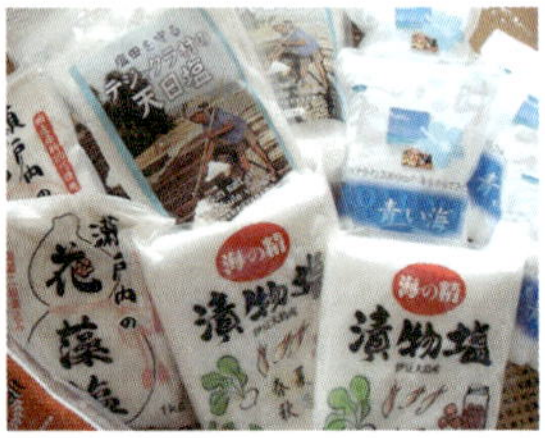

事前に塩を選んでおくと梅仕事もスムーズ

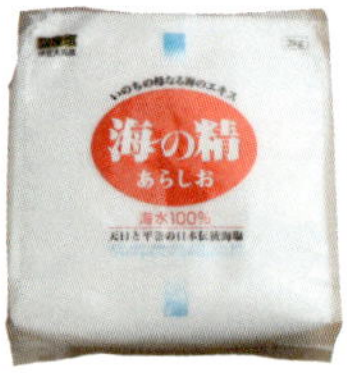

おすすめは旨味のある「海の精」

迷った時は塩の質感も選ぶポイントのひとつ。写真手前のようにしっとりとした質感の塩は梅になじみやすく使いやすいです。サラサラの塩は梅になじみにくく、あまりおすすめできません

砂糖など

どれも好みの砂糖で作りましょう 梅には素朴な甘味がよく合います

甘口の梅干しや梅シロップ、梅酒などで砂糖を使用します。白砂糖でももちろんOKですが、きび砂糖、黒砂糖、はちみつなど、素朴な風味と甘味は梅によく合うのでおすすめです。

何種類かの甘味をブレンドするのも楽しみ

焼酎（ホワイトリカー）

道具の消毒から減塩対策、梅酒作りまで幅広く使えます

アルコール度数が35度のものを使用します。一般的な焼酎は度数がこれより低い場合も多いので、購入の際は確認を。梅酒を作る場合はおいしい焼酎を選ぶとよいでしょう。

玄米焼酎は自然食品店などで購入可能

道具の選び方

**特別な道具はなくても大丈夫。
家庭にあるもので
対応できる場合がほとんどです。**

ぜひ用意したい道具

手持ちのもので代用も可能。まずは気楽に始めましょう

極端に言えば、梅と塩、ポリ袋があれば作れてしまうのが梅干しです。作業しやすくするために道具を用意する感覚なので、まずは手持ちのものを使いながら、少しずつ揃えていくといいでしょう。梅は酸が強いので、「金属のものはできるだけ避ける」ことだけ覚えておきましょう。ほとんどのものが100円ショップなどでも調達が可能です。

ガラスびん
新たに購入するのであれば、密閉できるタイプのガラスびんがおすすめです。重しを使わずに梅干し作りができます。

ふきん
洗った梅の水気を拭き取る際に使用します。漂白や煮沸などを行った清潔なふきんを使用するのがよいでしょう。

ざる&ボウル
梅を洗う際に使用します。プラスチック製が軽くて扱いやすいです。大量に洗うなら洗い桶と水切りカゴのセットも便利。

竹串
梅のヘタを取るのに使います。つまようじなどでも代用できますが、やや折れやすいです。ただし、梅のヘタは取らなくてもOK。

あると便利な道具

作り始めると、道具も揃えたくなってきます

なくても作ることはできるけれど、あれば便利に手軽に、もっと楽しく作れるようになります。作りたいものに合わせてどうぞ。大量に作る場合は大きめの竹ざる、バスタオル、大きなバケツや大きなびんを用意すると便利。重しは使用しなくても大丈夫です。梅酵素ジュースなど、梅干し以外の梅仕事も充実させたいなら梅割り器もおすすめです。

竹のざる　土用干しの際に使います。水洗いをして、天日干しをしてから使用しましょう。

陶製のかめ　重くてやや扱いづらいですが、梅仕事をしている気分も高まる人気の道具です。

バスタオル　梅を洗ったあと、水気を拭き取る際に。大量に作るなら大きいものが便利。清潔な状態で。

重し　重しがなくても梅干し作りは可能ですが、使う場合は、専用の漬け物石でなくとも、石や水の入ったペットボトルなどで代用できます。落としぶたは大皿でも代用可能です。

果実酒用のガラスびん　梅干し作りにとても便利。初夏になるとスーパーなどにも並びます。

大きなバケツ　大量に作る場合、梅やシソを洗う際や、シソ漬けの際に大活躍します。

キッチンペーパー　ふきんの代わりに。もしくは焼酎（ホワイトリカー）で消毒をする際にも利用できます。

手袋　シソ漬けの際、手に色が残ることがあるので気になる方は食品用手袋を使うといいでしょう。

梅割り器　梅の種を簡単に取り除ける器具。梅の産地にある道の駅やインターネットで購入可能。

ほうろう容器　大量に漬ける場合に便利な容器です。使用前にほうろうにキズがないか確認を。

ガラスボウル　ピクルス作りなど、梅干し以外の梅仕事でも利用できて何かと便利です。

スプレー容器　容器などの消毒に、焼酎（ホワイトリカー）を入れて使用すると便利です。

ほうろうの鍋　梅ジャム、梅びしお作りなどで使用。コーティングがされた鍋なら何でもOK。

網付きのざる　土用干しで虫やほこりなどが気になる場合に。ホームセンターなどで購入可能。

道具の消毒

道具を清潔にしてから仕込みをすることで、カビなどの失敗の可能性をぐんと減らすことができます。神経質になる必要はありませんが、普段の食器よりは少しだけ手間をかけて洗浄をしてから使用するとよいでしょう。

使用前には

洗う

洗剤を使ったら、丁寧にすすぎましょう。

焼酎（ホワイトリカー）を使う

煮沸や熱湯消毒が難しいものは焼酎を使用します。

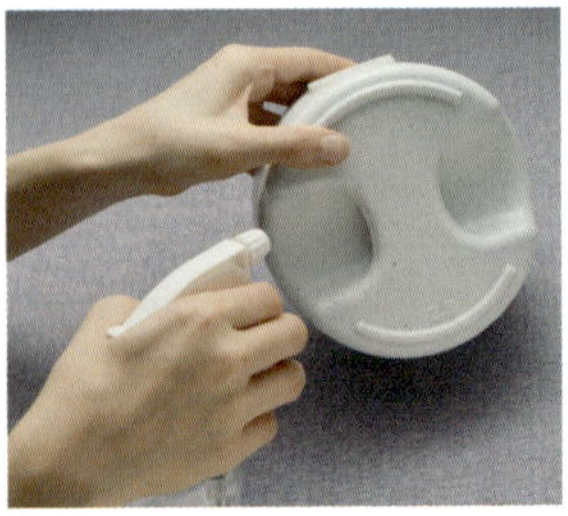

焼酎をスプレーボトルに入れて、まんべんなく吹きつけます。

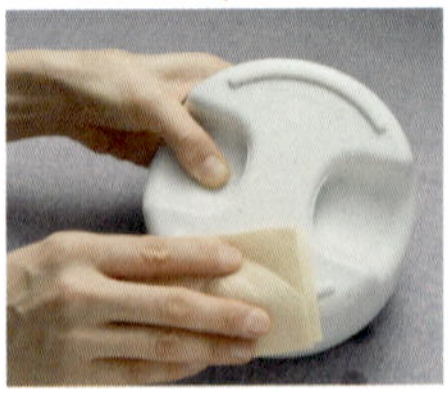

キッチンペーパーなどを使い、吹きかけた焼酎を丁寧に拭き取ります。

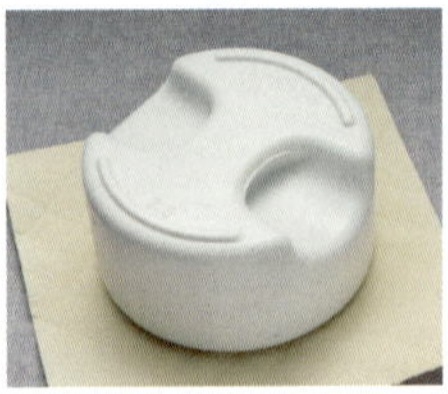

清潔なふきんなどの上に置いて、しばらく乾燥させます。乾けば使用できます。

熱湯をかける

大きくて煮沸しづらいものは熱湯をかけるだけでも効果があります。

大きなボウルに道具を入れ、沸かしたての熱湯をかけます。

煮沸する

あまり大きくないもの、熱に強いものは煮沸消毒がおすすめです。

大きめの鍋に消毒するものと水を入れ、沸騰するまで火にかけます。

約５分間煮立てたら、トングなどを使って取り出します。ヤケドに注意。

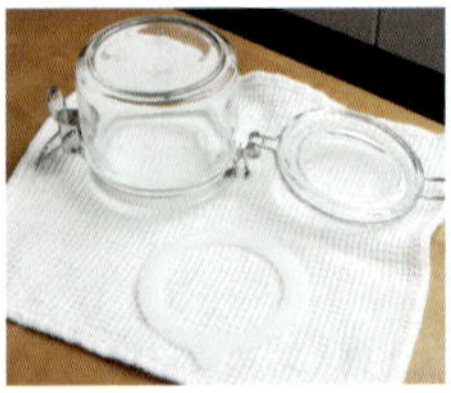

清潔なふきんの上に逆さに置いて乾かします。完全に乾けば使用できます。

●すべての道具は、清潔にして使用しましょう。
●梅を拭くふきんやタオルなども、清潔なものを使用しましょう。
　ペーパータオルなどを使用してもよいでしょう。

＊ガラスびんなどでは、熱湯が不可の容器もあります。事前に取扱説明書をご確認ください。

PART 1

基本の梅干しの作り方

丁寧に作ってみたいと思ったら、基本の作り方を試してみましょう。コツや気をつけるポイントを覚えておけば、どんな梅干し作りにも応用ができます。

梅干し作りの手順

梅干し作りの基本的な流れは、梅の出回り時期と季節に合わせて行います。梅干し作りに利用できる梅の実がお店に出回る時期を逃さないように、確実に手に入れることからスタートです。

6月上旬～下旬頃

梅の塩漬け（下漬け）

[梅を手に入れる]

地域やその年にもよりますが、6月上旬頃から下旬頃に梅干し用の梅がスーパーや八百屋さんなどに並ぶようになります。5月中旬～下旬頃は、「梅酒用」「梅シロップ用」と書かれたまだ青くてかたい梅が並びますが、梅干しを作る場合はこれを買わずに、もう少しだけ待って「梅干し用」と表示されたものを手に入れてください。入荷時期はお店で聞いてみましょう。詳しい選び方はP11参照。

[塩漬け（下漬け）をする]

梅を手に入れたら、塩漬けを行います。これは下漬けなどと呼ばれることもあります。P18参照。梅を洗い、塩を入れるだけなので、作業はごく簡単です。あまり手間をかけたくない場合は、この作業のみで終了しても梅干しは完成できます。

7月上旬～下旬頃

赤ジソの漬け込み（本漬け）

省略可

[赤ジソを手に入れる]

地域にもよりますが、5月から7月下旬頃まで赤ジソが出回ります。梅の塩漬けを終え、1週間～10日以上は間をあけてから赤ジソを手に入れるのがおすすめです。事前にお店の人に出回り時期を確認しておくとよいでしょう。でも、時期が合わなくても大丈夫。赤ジソのタイミングがずれる場合はP24参照。

[赤ジソの漬け込み（本漬け）をする]

赤ジソを塩でもんでから、塩漬けしておいた梅に入れることで、赤く発色します。少々手間がかかりますが、手作業でシソをもむことで、赤ジソの香りが芳しい仕上がりになります。塩もみされた市販品もありますが、自分で手作業したもののほうが香りよい仕上がりです。作業の詳細はP22参照。

赤ジソを入れることで、赤く染まった梅干しになりますが、入れなくても梅干しはできあがります。その場合は赤くはなりませんが、梅の風味を味わえるおいしい梅干しになります。「白干し」「関東干し」などと呼ばれ、シソを入れない梅干しも古くからあります。P25参照。
また、すでに塩漬けされた状態のシソも市販されていますので、時間がとれない場合などは、そういったものを利用するのもよいでしょう。

7月下旬〜8月頃

土用干し

省略可

［天日干しをする］

梅雨明けを待って、カラリとした青空が広がる晴天の日に梅を干します。三日三晩行わなくてもよい、手間のかからない簡単な方法もあります。最近は梅雨明けがずれたり、梅雨明けしても天気が安定しない場合もありますので、都合に合わせ、8月〜9月上旬頃までをめどに天日干しを行うとよいでしょう。P26参照。

お日様に当てることでおいしく美しい仕上がりになりますが、土用干しは行わなくても大丈夫です。干さないので「梅干し」ではなく「梅漬け」ではありますが、ふわっと柔らかな仕上がりで、これはこれでおいしいです。この本では土用干しを行わないものも「梅干し」と呼びます。

半年〜1年間

熟成

土用干しをしてすぐに食べられますが、半年から1年間くらい寝かせたほうがおいしい梅干しになります。びんなどに入れた状態で、室内に置いておくことで、少しずつ熟成します。温度管理などは気にする必要はありません。

年が明けて
1月頃〜ずっと

食べ頃

「基本の梅干しの作り方」で作る梅干しは常温で何年も保存可能です。時間の経過とともに味がこなれて、おいしさも増します。

梅の塩漬け（下漬け）

梅干し作りの第一歩です。熟した梅の豊かな香りに包まれて作業を行います。
この仕込みの後、梅が少しずつ変化して
「梅干し」に近づいていく様子を眺めるのも楽しみのひとつです。

●材料を用意します

材料

梅……………………… 1kg
塩……………………… 180g（梅の分量に対して18%）
焼酎（ホワイトリカー）…… 適宜（なくてもOK）

＊焼酎（ホワイトリカー）は梅の洗浄などに使用します。

＊減塩について
塩は、梅1kgに対して150g（塩分濃度15%）程度まで減らすことが可能です。
ただし、塩を減らせば減らすほど、カビなどの可能性が高まりますので、この方法で初めて作られる方は160〜180gの範囲で作ることをおすすめします。

＊さらに減塩したい場合
塩も失敗も減らすためのアイデアはP20、P36、37参照。

＊このあとに使用する材料について
塩漬けの作業を終えたあと（少なくとも1週間〜10日後）、赤ジソを入れる際にも塩を使用します。このタイミングで準備しておくと便利です。P22参照。

＊梅や塩の選び方はP11〜12参照。

●梅の熟し具合を確認します

このくらいがベストな熟し具合です。部屋中にうっとりするような梅のいい香りが漂います

まれに、青梅の状態で漬けたほうがよい品種もあります。その場合は表示にしたがって作業しましょう

まだ青い場合

すぐ漬けてもOK
すぐ漬けることも可能です。写真は青いまま漬けた場合。かたさの残る仕上がりで、やや酸味が強い梅干しになりますが、それはそれでおいしいものです。熟してから漬けたほうがふっくら柔らかな仕上がりになりますが、熟すまで待つことが難しい場合はすぐに漬け込みを開始しましょう。料理に使うために、わざとかための梅干しを作る方もいらっしゃいます。

追熟させる
購入時のポリ袋から梅を取り出して、段ボールや紙袋などに広げ、常温の室内に置いておきます。この時点でカビたり、つぶれているものがあれば取り除きましょう。２〜３日程度で黄色くなり、熟した香りがしてきます。ただし、何日も置きすぎると乾燥してしまったり、腐敗したりカビが生えてしまうこともあるので、１日に１度は様子を見ましょう。

熟しすぎている場合

カビが生えているもの、つぶれているもの、腐敗しているものなどは取り除き、すぐに塩漬けの作業を行いましょう。取り除く目安は左ページ参照。熟しすぎているくらいのほうが、甘味のあるおいしい梅干しに仕上がりますのでご心配なく。

青いうちに作業する場合は…

・カリカリ梅……………………… P70
・青梅の醤油漬け………………… P72
・梅ピクルス……………………… P76
・梅味噌…………………………… P78
・カリカリ砂糖漬け……………… P88
・煮梅……………………………… P90
・梅シロップ……………………… P96
・梅酒……………………………… P108

などがおすすめです。

●キズのあるものは取り除きます

大きな打ち身やキズ、虫食いなどがあるもの、カビや腐敗があるものは除いて作業を始めましょう。多少の打ち身やキズは問題ありませんが、基準としては、においをかいでみて、嫌なにおいがなければ大丈夫です。

アク抜き（水に浸ける）は必要？

熟した梅はアク抜きは不要です。昔に比べ、現代の梅はアクが少なくなっています。熟していない青い梅を使う場合は、１～２時間程度水に漬けてから作業します。

たくさん取り除いたら重さを量り直しましょう

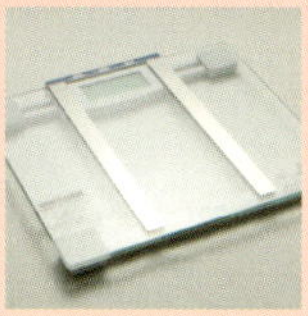

取り除いたものが多ければ、梅全体の重さを量り直します。梅がキロ単位である場合は、体重計が便利。自分の体重を量ってから、袋などに入れた梅を持って重さを量り、体重分を引きます。

△ 多少の打ち身は大丈夫。大きな打ち身、腐敗の場合は使用しない

○ 斑点は気にしなくて大丈夫。味にも全く影響なし

△ 黒くなっている場合は、歯触りがややかたい仕上がりになる

○ 小さなキズなら大丈夫。キズの部分が腐敗している場合は使用しない

× カビがある場合は使用しない。カビ部分は除き、ジャム作りなどに

△ 小さな打ち身は大丈夫だが、嫌なにおいがする場合は使用しない

●水で洗います

ボウルなどに梅を入れ、何回か水を替えながら、洗います。強くぶつけたりしなければ、ごく普通に果物などを洗う感覚でOKです。途中で梅のヘタが取れることもありますが、全く問題ありません。

汚れが気になる時は
焼酎（ホワイトリカー）で洗いましょう

空気の汚れや農薬などが気になる場合は、水洗い後に焼酎（ホワイトリカー）で洗うとよいでしょう。小皿に焼酎を入れ、梅をくるくると回すように洗うと、少量の焼酎で済みます。

道具はコレが便利！

少量なら
プラスチックやシリコンの小さめサイズ。

量が増えたら
水切りカゴとボウルなど、大きめサイズ。

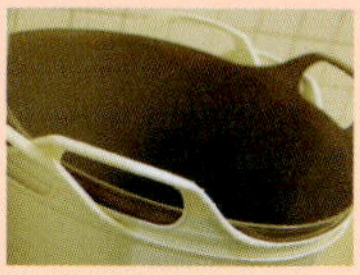

もっと増えたら
大型バケツ、たらいなどが活躍。

●水気を拭き取ります

水洗いをしたあとは水気を取ります。清潔なふきんやタオルなどで丁寧に拭き取りましょう。水気が残っているとカビの原因になります。ざるに上げて水を切り、そのまま乾かしてもOKです。

タオルやふきんは清潔なものを！
タオルやふきんが汚れていると、カビや腐敗の原因になることも。煮沸したり、日光によく当てるなどしましょう。

拭き方はコレが便利！

量が増えたら
バスタオルに広げ、別のタオルを使ってゴロゴロと転がすように拭きます。

さらに多い or 時間的余裕がある場合
ざるに上げて乾かしてもOK。しっかり乾かしましょう。

●ヘタを取ります

竹串などでヘタを取り除きます。黒い部分を竹串で軽く刺すようにすると簡単に取り除くことができます。果肉を大きくキズつけないように注意。ヘタ部分に水気が残っていたら、拭き取ります。

ヘタは取らなくても大丈夫です

梅のヘタは必ずしも取らなくても問題ありません。梅干しにした時に、舌触りが多少気になることもあるかもという程度なので、家庭で食べるぶんには取らなくてもよいでしょう。ただ、ヘタ取りをすることで、梅を一つ一つチェックすることができるので、傷みなどに気づきやすく、そこはメリットと言えます。また、ヘタ取りは意外と楽しく、夢中になれる作業でもあります。

●梅と塩を容器に入れます

ガラスびんの場合

梅と塩を積み重ねるように、交互に入れていくのが一番ではありますが、密閉できるガラスびんの場合は、梅と塩をざっと入れてしまって、ふたをしてから転がすという方法でもOK。大きな果実酒用のびん（８ℓ程度）などでも、この方法で対処できます。「梅の全体に塩がなんとなくなじむようにする」ことがポイントです。

ほうろう・かめの場合

容器の底に塩をふってから、梅、塩、梅、塩の順に、何回か積み重ねるように交互に入れていきます。プラスチック製の漬け物樽の場合も同様です。

スペースも重さも省くなら
ジップ付き袋で！

容器の代わりにジップ付き袋でもOK。P8参照。大量に作る場合も複数のジップ付き袋で漬けることができます。

●必要に応じて、焼酎を加えます

漬け込みの際、焼酎は必ずしも必要なものではありません。塩分濃度が低い場合、こまめにチェックするのが難しい場合にカビのリスクを減らすために使用すると考えておけばよいでしょう。

減塩梅干しは冷蔵庫も活用！

10%以下は塩漬け作業後、冷蔵庫で保管し、塩が溶けたら常温へ。8%未満は土用干し以外は冷蔵庫で。冷蔵庫を利用した場合は柔らかく仕上げるために、ぜひ土用干しを。

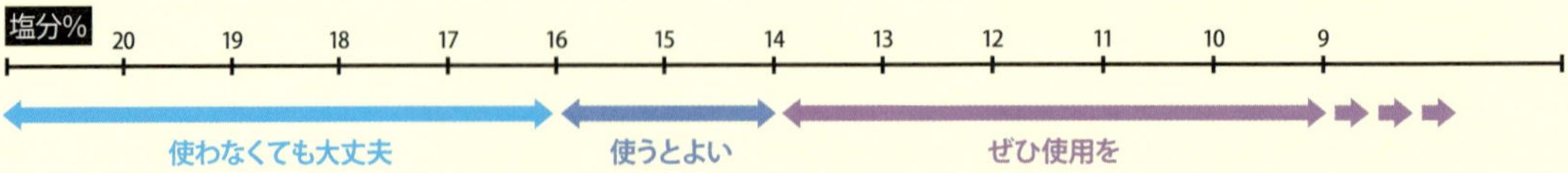

焼酎（ホワイトリカー）を使用するメリット

- 塩分16%以下でもカビが生えづらい。
- こまめにチェックできなくともカビが生えづらい。

焼酎（ホワイトリカー）を使用するデメリット

- 赤ジソを入れて作る場合、鮮やかな色が出にくいことがある。
- 果肉が少々かたくなる傾向がある。

●必要に応じて、重しを使います

重しは必須ではありません。梅から水分（梅酢）が出てくるまで、できるだけ空気にふれないようにするために使うもの。密閉できるガラスびんは、転がすことで塩や梅酢を全体に行き渡らせることができるので重し不要です。

〈重し不要〉

- 密閉できるガラスびん、ジップ付き袋の場合

〈重しが必要〉

- 塩分16%以下など塩分濃度が低めの場合（塩のみ使用の場合）
- 密閉できない容器の場合

重しは専用のものを用意したほうがいい？

漬け物専用の重しも販売されていますが、水を入れたペットボトルや石ころ、ダンベルなど、家庭にあるもので代用可能です。重量があって、途中で重さを減らすことができればOKです。

重しの使い方

漬け込む時／梅の倍の重量の重しをのせます。

梅と塩を容器に入れたら、落としぶたを。大皿などでOKです。

重しをのせます。

ほこりよけに全体をポリ袋などで覆っておくとよいでしょう。

3〜4日後／梅酢が上がってきたら重しを半量に減らす。

そのまま赤ジソの時期を待つ。赤ジソを入れたら、その後は重しは不要。

●梅酢の上がりを毎日チェックします

梅に塩を加えて1時間ほどで梅からじんわりと透明な水分が出てきます。これが梅酢と呼ばれる梅のエキス。1週間ほどで塩は完全に溶けてヒタヒタの状態に。梅に梅酢がふれていればカビの可能性はぐっと減ります。梅酢の出が悪い場合はP30参照。

ガラスびんなら中が見えて、転がせるので扱いが楽です

ガラスびんの場合

最初の1週間くらいは、1日に1度は転がして、塩や梅酢が全体に行き渡るようにします。

ほうろう・かめの場合

容器を軽くゆらすなどして、できるだけ梅酢が行き渡るようにします。

●赤ジソの時期を待ちます

梅酢がたっぷりと上がったら、そのまま赤ジソを漬ける時期を待ちます。シソを入れない場合は土用干しの時期までそのまま置いておきます。

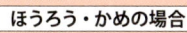

赤ジソの漬け込み（本漬け）

梅干しを赤く染めてくれるのは赤ジソの力。シソを塩もみして加えることで、ルビーを思わせるような見事な鮮やかな色に染まるのです。

●赤ジソは購入したら、すぐに作業を始めましょう

材料（梅1kgに対して）

赤ジソ…… 1束（もしくは1袋、約200g）
塩………… 40g（シソの分量の約20%）

＊しっかり赤くしたい場合は、梅に対して赤ジソはこの分量がおすすめです。赤ジソがあまり好きでない、もしくはあまり真っ赤でなくともいいという場合は、半量でもOKです。

シソはすぐにしおれたり、乾燥してしまうため、購入後は早めに塩もみの作業をするのが理想です。多く入れたほうがより赤く染まる傾向にありますが、シソの品種やもみ方などによっても、色の染まり具合に変動はあります。

すぐに作業できない場合は

2～3日であれば、ポリ袋から出して新聞紙にくるんで冷蔵庫へ。枝付きの場合は水を入れたバケツに根元を入れてもOK。

手が汚れるのを避けたい場合は手袋を

シソの作業では、指先や爪の周辺に色が残ることもあります。2～3日で自然に落ちますが、気になる場合は食品用の手袋を使用して。

●ざっと選別します

一般に販売されているシソは傷みも少なく、チェックする必要もほとんどありませんが、緑色の葉は取り除きます。取り除いた葉はシソジュースに。P118参照。

写真のような細い茎を残すかどうかはお好みで。特に柔らかな口当たりを望む方は取り除くとよいでしょう

太い茎はややかたいので、取り除きます。多少残っても問題ありません。

○
縮れている葉は使用して大丈夫。色が濃い紫であればOKです。

×
裏側が緑色のものは色が出ないので、できるだけ取り除きます。

●水で洗います

ボウルなどに入れて、何回か水を替えながらよく洗います。

●水気をしっかり拭き取ります

清潔なタオルやふきんで丁寧に水気を拭き取ります。水気が残っているとカビの原因となります。

大量にある場合は

梅干しを大量に漬けるようになると、シソの量も多くなり、枝付きで購入することも増えるかと思います。その場合は、枝付きで何本かしばってある状態のまま、大きなバケツを使って浴室などで洗い、もの干し竿に干すと楽です。

●塩もみをします

丁寧に塩もみすることで、美しい発色になります。意外と手の力を使うので、少々疲れる作業ではありますが、鮮やかな色が出た時の喜びはひとしおです。

梅酢＆ポリ袋を使うととっても簡単！

塩の代わりに白梅酢（1束あたり70cc程度）でもOK。ポリ袋に入れてもむと手も汚れません。赤く染まった梅酢ごと、梅に加えます。塩でもむ場合よりも濃い赤色に仕上がります。

1 シソをボウルなどに入れます。

2 分量の半分の塩をふり入れます。

3 指をしっかりと使ってよくもみます。

4 山盛りのシソがおにぎり程度のサイズに。

5 ぎゅっと握るようにしながらアクを絞ります。

6 しっかりと力を込めて絞り、アクは捨てます。

3～6をもう一度くりかえす

大量にある場合は

大きなバケツに何束分もまとめて入れて、作業すると楽です。大きなバケツは複数あると作業がスムーズです。

●梅に赤ジソを加えて土用干しを待ちます

赤ジソのアントシアニン系の色素が梅のクエン酸と反応して、赤く変化します。この色が少しずつ梅に染み込んで、中まで赤く染めてくれるのです。この後、土用干しまで置いておきます。

1 塩もみしたシソを塩漬けした梅に加えます。

2 シソをほぐして、梅酢に浸かるようにします。

3 発色したらシソは梅の上にまとめておきます。

左はシソなしの状態。色の違いが歴然！

赤く発色するのは一番の楽しみ！ 梅干し作りで一番の楽しみと言う方も多い、発色の瞬間です。

塩もみをした赤ジソに梅酢をかけます。

軽くほぐして、全体に梅酢が行き渡るようにすると…。

鮮やかな赤色に。この状態で梅に加えてももちろんOKです。

赤ジソの時期が梅よりも早かったり、梅と赤ジソを一緒に買ってしまった場合

梅の塩漬けを終えてから、赤ジソの塩もみを行なうのが一番作りやすい順序ではありますが、地域によって、年によって、時期がずれることもあります。その場合は、先にシソの塩もみを行い、梅の塩漬けから1週間程度後まで（塩漬けをして梅酢がたっぷり上がるまで）、保存しておくことになります。

1〜2日の保管なら

梅の塩漬けから3〜4日経過しているならこの方法を。P23の「シソの塩もみ」の作業後、ラップにくるみ冷蔵庫で保存。

3日以上で白梅酢が手に入らない場合

冷凍保存し、自然解凍して使用します。香りが失われますので、できれば白梅酢に漬けて常温保存のほうが望ましいです。

3日以上の場合

P23の「シソの塩もみ」の作業後、白梅酢（P58）をかけて発色させます。常温で保管可。梅酢でもんだ場合（P23）はそのまま常温で保管します。

梅を塩漬けした時に出るエキスが白梅酢。右はシソの色が付いた赤梅酢。

市販のもみシソを使ってもいいの？

時間がない場合などは市販のもみシソを利用するとよいですが、自分で手もみしたシソのほうが新鮮な香りが楽しめます。シソは入れずに白干し（P25）として完成させるという方法もあります。

梅干し作りで用意する材料早見表

＊梅の塩漬け（下漬け）、赤ジソの漬け込み（本漬け）で使用するトータルで必要な分量の目安を表にしています。事前に準備しておくと便利です。
＊減塩の場合はもう少し塩が少なくなります。

梅の分量	赤ジソの分量 〈少なめ〜しっかり赤くする場合〉	塩の分量 （カッコ内は赤ジソの漬け込みで使用する分量です）
1kg	半束〜1束（約100g〜200g）	200g〜220g（20g〜40g）
2kg	1束〜2束（約200g〜400g）	400g〜440g（40g〜80g）
3kg	1.5束〜3束（約300g〜600g）	600g〜660g（60g〜120g）
5kg	2.5束〜5束（約500g〜1kg）	1kg〜1.1kg（100g〜200g）
10kg	5束〜10束（約1kg〜2kg）	2kg〜2.2kg（200g〜400g）

赤ジソをもっと楽しむ

シソジュース →P118

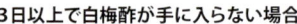

白干し

梅の旨味を楽しむ
シソなしの梅干し

シソを入れずに作るシンプルな味の梅干しです。関東干しとも呼ばれます。

そのままが
おいしい
すっきり味

材料

梅……………………………1kg
塩……………………………180g
（梅の重量の18%）

＊お好みで塩は160g程度まで減らせます。

作り方

「基本の梅干し」と同様に梅を塩漬けしたあと、土用干しをして仕上げますが、土用干しはしなくてもOK。

→P16

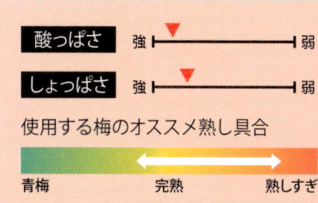

酸っぱさ　強 ―――― 弱
しょっぱさ　強 ―――― 弱

使用する梅のオススメ熟し具合
青梅　完熟　熟しすぎ

岩塩漬け

塩を変えるだけで
こんなに味が違う

いろんな塩にトライするのも楽しい！シャープな味わいです。

梅そのものの
クリアな
旨味が楽しめる

材料

梅………1kg
岩塩……180g（梅の重量の18%）
赤ジソ…1束（約200g）
塩………40g（シソの塩もみ用）

＊シソの塩もみ用として40gの塩も必要です。
＊お好みで岩塩は160g程度まで減らせます。

作り方

「基本の梅干し」の作り方と同様にし、塩を岩塩に代えるだけです。

→P16

＊粒子の粗い塩の場合は溶けづらいので、ガラスびんで漬けて、こまめに容器を転がすとよいでしょう。

酸っぱさ　強 ―――― 弱
しょっぱさ　強 ―――― 弱

使用する梅のオススメ熟し具合
青梅　完熟　熟しすぎ

土用干し

梅雨が明けたら、土用干しです。
これが終われば「梅漬け」から「梅干し」に、
梅干し作りの作業もひとまず終了です。
天気のいい日に行いましょう。

- 保存性の向上
- 味に深みが出る
- 太陽熱で殺菌
- 色を鮮やかにする

●土用干しをする理由

強い太陽光に当てることで、水分は飛び、殺菌作用も期待できます。また乾物同様、天日干しの効果で味に深みが出ておいしくなり、さらに色もキレイになるという、いいことずくめの土用干しです。

土用干しはしなくてもいいの？

しなくても大丈夫です。厳密には「梅干し」ではなく「梅漬け」ではありますが、柔らかくふわふわの仕上がりで、これはこれでおいしいものです。わざと干さずに作る人もいるほど。もしくは翌年に干してもOKです。ただし、冷蔵庫を使った場合（P20）はかたくなることを避けるため、ぜひ土用干しをしましょう。

●土用干しは気楽にスタートしましょう

土用干し＝三日三晩しなくてはならない、と考える方も多いのですが、必須事項では全くありません。しなくても大丈夫、できる範囲で気楽にどうぞ。

しなくてもOK

↓

半日～1日でも、容器のままでも、
少し干すだけで風味アップ

↓

ざるに広げて干したら、
さらにおいしい

↓

しっかり3日間行えば、すごくおいしい

●びん干し（袋干し）のやり方

びん干しの場合

ベランダや庭などで昼間の間だけ、合計１週間ほど日光に当てます。外出の際や天気の悪い日は日の当たる窓辺でも可。

袋干しの場合

ジップ付き袋のまま、日光に当てます。屋外でも屋内でも日が当たればOK。合計で１週間ほど日光に当てることができればよりよいでしょう。

ガラスびんなど容器のまま、ふたは外してキッチンペーパーなどで覆います。忙しい時ならふたをしたままでも。

ざるなどの上に袋を置けば破れる心配もなし。

●ざる干しのやり方

天気のいい日に

梅を容器から出して、ざるに広げます。梅と梅の間はあまりくっつけすぎず、多少は間隔を空けると、よりよく干すことができます。

梅酢とシソも日に当てます

梅酢とシソは容器に残したまま、キッチンペーパーなどで覆って、一緒に日光に当てます。ゆかり（P28）を作る場合は梅と一緒に干してもいいでしょう。

半日に一度は裏返して

半日くらいで梅をひっくり返します。干し始めは梅が破れやすいので、丁寧に行いましょう。

①ざるの下には通気性のいい台を置きます。

②梅酢を切ってから、ざるに梅を並べてます。

③ある程度、梅と梅の間隔を空けて干します。

④容器に残った梅酢とシソはふたを外した状態でキッチンペーパーで覆い、日に当てます。

⑤半日に一度はひっくり返し、まんべんなく干せるようにします。

●伝統的な三日三晩の土用干しのやり方

昔ながらの方法は晴天が三日以上続く時期に行います。でも実は人によって細かなやり方は様々。室内に取り込んだ時に梅酢に戻す人も戻さない人も。近年は梅雨明けしても天候が安定しないことも多いので、とびとびになっても計３日間分干すことを目指すとよいでしょう。

A **1日目朝に干す ➡ 夕暮れ前に取り込む ➡ 2日目朝に干す ➡**
➡ そのまま夜を超す ➡ 3日目の朝〜昼に取り込む

B **1日目朝に干す ➡ 夕暮れ前に取り込む ➡ 2日目朝に干す ➡**
➡ 夕暮れ前に取り込む ➡ 3日目朝に干す ➡ 夕暮れ前に取り込む

C **1日目朝に干す ➡ 3日目夕方までずっと外に干す**

…etc.

●干し上がりの目安

同じ3日間でも、地域によって日の強さは様々。様子を観察しながら行います。梅干しらしい見た目、つまんだ時に種から実が離れるような感覚がある、汗をかいたような水滴が出てきた、などが干し上がりの目安です。

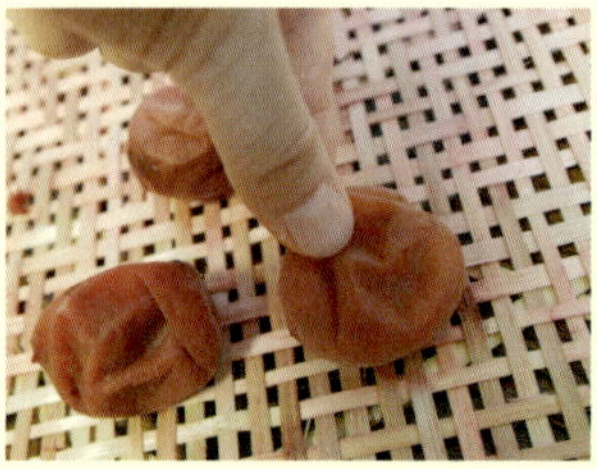

梅の実がかたい時は

梅の熟し方が足りなかった場合、元々皮がかたい梅だった場合など、土用干しの時点で実がかたいこともあります。その場合は、指先でもむようにほぐすことで、柔らかな仕上がりに近づきます。

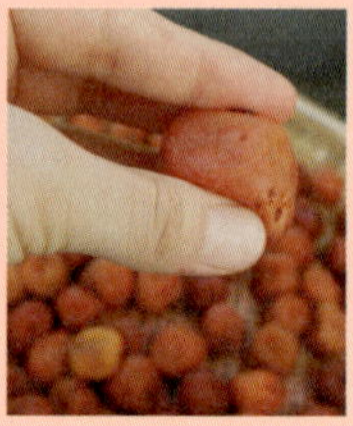

土用干し後は梅酢に戻すの？

梅酢に戻すメリット

- 梅が鮮やかに色づく。
- より柔らかくしっとりとした仕上がりになる。

梅酢に戻さないメリット

- 旨味の凝縮された味わいに仕上がる。
- 保存性が高まり、何十年でももつ。

手作りがおいしい
便利なふりかけ

ゆかり

土用干しのついでにできるゆかり作り。ご飯にも和え物にも役立ちます。

好みの粗さに
仕上げる
楽しみも

作り方

1. 梅干しに入っているシソをよく絞ってからざるに広げて、天気のいい日に天日干しします。
2. 2〜3日干して、カラカラになれば、干し上がりです。
3. すり鉢でする、もしくはフードプロセッサーで細かくします。

＊ごまなどを混ぜてもおいしいです。

材料

梅干しに入っている赤ジソ … 適量

One Point

より上品に仕上げるには

干す時に1枚ずつ丁寧に広げて干しましょう。

熟成と食べ頃

梅干し作りの楽しみはできあがった後もずっと続きます。熟成させることで、時間が作り出すまろやかな甘味や深いコク、芳醇な香りは手作りだからこその楽しみです。

●室内に保管するだけで熟成していきます

熟成と言っても、室内に保管しておくだけ。直射日光の当たらない場所であればどこでも構いません。ただし、物置などにしまい込むよりは、人が通る場所のほうが梅干しの環境に適しているようです。

減塩の場合

数年単位であれば塩分12〜13%程度でも常温保存可能ですし、熟成の味も楽しめますが、やはり18%で作ったものは、熟成した時の旨味が違いますし、何十年も常温保存が可能です。すぐに食べるものは減塩、寝かせるものは18%で作るなど何種類か作るのもおすすめです。

さらに時間を置いた梅干しについては →P32

できあがりすぐ

爽やかな香りでフレッシュ感を楽しむ段階。まだ味がなじんでいない感じ。

半年後

フレッシュな香りも残しつつ、だいぶ味がなじんできます。

1年後

酸味と塩味のバランスがよくなり、まろやかさと旨味のある味わいに。

2年後

旨味のある酸味とまろやかさ、甘味も感じさせる熟成の味。

3年後

さらに深いコクと旨味、複雑な味わいを楽しめるようになります。

その後は

だんだんと酸味や塩味が抜けてきて、旨味と甘味のほうが感じられるように変化していきます。この変化が楽しみでもあります。

梅仕事Q&A

梅干し作りをはじめとする梅仕事に関して、
気になること、心配なことなど、よくある質問をまとめてみました。
梅干し作りの豆知識としてもご利用ください。

Q これはカビ!? どうしたらいいですか?

A 白や黒、青などのカビが生えている場合は、その部分だけスプーンなどで取り除きます。梅酢にふわふわしたものが浮いている場合は、一部であればそこだけ取り除きます。写真のようにたくさんある場合は、梅を取り出して焼酎で洗い、梅酢は煮沸して、冷めてから容器に梅を戻せばOK。毎日見ていれば少量のカビのうちに手当てができますが、覆うほどカビが生えた場合は、残念ながら処分したほうがよいでしょう。

Q 梅酢が茶色い、不快なにおいが…。どうしたらいいですか?

A 梅を取り出して焼酎で洗い、梅酢は煮沸してみてください。再度においをチェックして、まだにおいがおかしいようであれば、梅酢は処分して、市販の白梅酢(P44)を使います。あまりにも濁りが強い場合は、梅びしお(P80)など、加熱調理するものに加工すると安心して食べることができるはずです。

Q カビはなぜ生える? カビの好む環境はありますか?

A 一般に気温5〜35℃でカビは発生し、35℃以上では発生しづらい傾向にあります。また、カビの発生と増殖には酸素と水分が必要です。梅雨の時期とかぶる梅干し作りの時期はカビが生えやすい時期でもあるので、梅やシソを洗ったあとは水分をよく取ること、減塩しすぎないなどの点に気をつけるとよいでしょう。

Q 梅干しの塩分濃度はどのくらいがベストですか?

A カビなどの失敗が少ないこと、時間が経つごとに熟成したおいしさを楽しむことなどを考えると18%がおすすめですが、すぐに食べ始めたいのであれば、16%程度でも。梅の強い酸味にはある程度の塩分濃度があったほうが味のバランスがとれます。健康上の理由などで塩分を控えたい場合は焼酎や酢、砂糖などを使い、10%程度まで減塩も可能。P36〜42参照。

Q 生の青梅は毒性があるとか。触っても大丈夫ですか?

A 触る程度なら問題ありません。多少食べてしまっても大丈夫ですが、種の中身(仁)は食べないほうが無難。塩漬けや砂糖漬け、熱を加えた調理などのいずれかを行ない、果肉の色が変われば青梅の毒性は消えます。安心してお召し上がりください。

Q 塩漬けしたのに、梅から水分が出てきません。

A 通常は漬けて1時間もすればじんわりと、1日ではっきりとわかるくらい水分(梅酢)が出てきます。出てこない場合は、焼酎か酢を少し加えてみてください。呼び水になって、出てくるはずです。

Q カビが生えると不吉!? という言い伝えを聞きました。

A 梅干しにカビが生えたり、腐敗すると不吉…という言い伝えがありますが、あくまで迷信に過ぎません。これは、トラブルがあって家庭や家族が落ち着かない場合、梅の世話もできなくて、結果としてカビさせてしまうということからきたのではないかと推測されます。気にせず梅干し作りを進めてください。

Q 市販の梅干しと手作りの梅干しはどう違いますか？

A 商品によって様々です。昔ながらの梅と塩、シソで作ったものから、まろやかに味付けしたものなど多彩。原材料表示を見て、好みの味を見つけるとよいでしょう。

Q 梅干しは何年くらい保存できる食品ですか？

A 塩分濃度によりますが、12～13%以上であれば、少なくとも数年は大丈夫。昔の梅干しは塩分30%以上、時には50%のものもあったそうですが、このくらいであれば、何百年も保存可能でしょう。

Q 梅干しの保管場所は家の中のどこがいいですか？

A 例えば廊下や階段、リビングなど、直射日光が当たらず、でも人の動きがある場所がおすすめです。倉庫や納戸などにしまい込むよりは、開放感のある場所が梅の状態がよいようです。

Q 小さな子供でも梅干しは食べていいですか？

A 食事ができるようになれば、食べても大丈夫。塩分が高いので、ごく少量から、ご飯やおかゆと一緒にお試しください。

Q 海外在住で梅が手に入らなくても作れますか？

A 北海道北部など梅があまりとれない地域ではあんずで代用して作っていたとか。あんず系の果物でぜひお試しください。まろやかな酸味の仕上がりになります。

見た目は梅干しそっくり

Q 梅干しは土用干しが終わるまで食べられませんか？

A いいえ。たまには味見をしてみてください。塩漬け後、塩がすべて溶けて、色が鮮やかになった頃合い（約２～３週間後）は、爽やかな香りが楽しめる最高のタイミング。手作りした人だけが体験できる特別の味です。ぜひ試してみてください。

Q 土用干しのあと、シソと梅は分けたほうがよいですか？

A 何十年も保存するのでなければ、通常はそのまま一緒に入れておいて大丈夫です。土用干しのあと、梅酢に戻すかどうかで決めたらよいでしょう。P28参照。前年度のシソを梅干しに加えてもいいですが、色づきはさほど期待できません。

Q 梅は冷凍できますか？冷凍梅で梅干しはできますか？

A 生梅は冷凍保存可能です。水洗い後、水気を拭き取り、ポリ袋等に入れて冷凍しましょう。冷凍梅はジャム（P92）やシロップ（P96）に活用できます。梅干しにすると、柔らか過ぎる仕上がりになるので、おすすめできません。

Q 生理中は梅仕事は避けたほうがいいという言い伝えを聞きましたが…？

A 昔の梅干し作りは何十キロも作るのが当たり前だったはずです。生理中は無理をさせないという意味で作られた言い伝えとも言われます。身体のpHが関係するという説もありますが、無理せず体調に合わせて行うのがよいでしょう。

梅干しご飯をアレンジして楽しみましょう

白いご飯に梅干しは定番ですが、ちょっとアレンジするだけで、
おいしさがアップします。お好みで色々お試しください。

梅豆腐ご飯
くずした豆腐に梅酢を回しかけ。おぼろ豆腐などでもおいしい

梅しらすご飯
しらす、白ごまを散らせば、満足度の高いご飯に

梅しそご飯
細く刻んだ青ジソが爽やかな香り。ごまや納豆を加えてもいい

梅おかかご飯
かつお節を散らすだけ。醤油やバターなどを少々加えても

古い梅干しが眠っていませんか?

「家の大掃除をしたら、ご先祖様が作った梅干しらしきものが出てきた」という話を時々聞きます。何十年経過していても、黒くなっていても、古い梅干しはとても貴重なもの。酸味も塩味も枯れて、一般の梅干しとは全く異なる豊かな甘い香りと味に変化しています。食べてみると身体の芯から元気が湧いてくるかのよう。古い梅干しに出合ったら香りと味を確かめてみてもいいかもしれません。

PART 2

梅干しのバリエーション

小梅や減塩タイプ、甘いタイプなど、変わり梅干し作りも簡単です。基本の梅干しの作り方を少々アレンジするだけで、様々な味を楽しむことができます。

お弁当にも、お茶うけにも。ちょっとつまみたくなる

小梅の梅干し

小さくても
爽やかな
酸味が魅力

通常サイズの梅よりも、ちょっと早めの時期に出回り始める小梅。かわいらしく、食べやすい小さなサイズが人気です。赤ジソを入れるかどうかはお好みで。

作り方の流れ

5月	7月（省略可）	7月下旬（省略可）	10月
漬け込み	塩もみしたシソを加える	土用干し	食べ頃
地域にもよりますが、小梅は5月上旬から出回ることもあります。入荷を見逃さないように。	お好みでシソを加えます。普通サイズの梅に比べ、少量のシソでもよく染まります。	干しすぎるとカラカラになってしまうので、1〜2日で十分。こまめに様子をチェックして。	土用干しを終えたら、すぐに食べ始めてもよいですが、3ヶ月後くらいから、さらにおいしくなります。

酸っぱさ　強 ―▼― 弱

しょっぱさ　強 ―▼― 弱

使用する梅のオススメ熟し具合

青梅 ←――→ 完熟 ←――→ 熟しすぎ

作り方

1 梅を洗います。

普通の梅と同様に水洗いします。キズつきやすいので、丁寧に扱いましょう。

2 梅の水気を取ります。

優しく水気を拭き取りましょう。

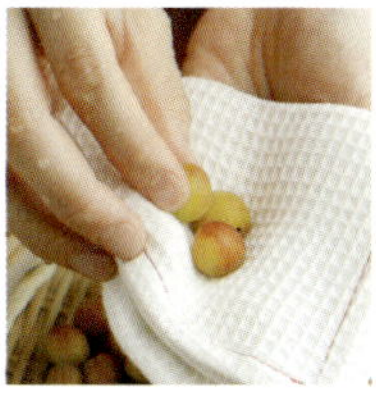

3 ヘタを取ります。

ヘタは取らなくても問題ありませんが、繊細な舌触りを楽しむなら、取ったほうがよいです。

4 容器にすべての材料を入れます。

漬ける量によりますが、ガラスびんで1～2kg程度であれば、梅と塩をまとめて容器に入れて、あとでびんを振ればOK。

5 毎日軽く振ります。

1日に1度は塩と梅から出た水分（梅酢）を全体になじませるように容器をゆすります。

6 梅酢が上がればひと安心です。

2～3日もすれば、梅酢が出てくるはずです。出ない場合は →P30

7 塩もみした赤ジソを入れます。

お好みでシソを入れます。シソの塩もみの手順は →P22

8 土用干し。

余裕があれば土用干しを。カラカラにならないように様子を見ながら。
土用干しの手順は →P26

9 できあがり。

土用干し後は梅酢に戻すと、ふわふわの仕上がりになりますが、皮が柔らかいものは1～2年で形がくずれてしまうこともあります。味には影響ありません。

材料

梅……………………… 1kg
塩……………………… 120g
赤ジソ（お好みで）……… 100g
塩（シソの塩もみ用）……… 20g

分量早見表

梅300g
塩40g＋シソ30g

梅500g
塩60g＋シソ50g

梅2kg
塩240g＋シソ200g

＊シソを入れる場合は、シソの塩もみ用の塩（シソの重量の20%）が別に必要です。

One Point

塩は少なめで作ります

基本の梅干しに比べ、塩分濃度は12%と低めです。梅が小さいため、同じ分量ではかなり塩辛くなってしまうのです。

赤ジソも少なめで大丈夫

シソも基本の梅干しに比べ、半量程度で十分に色づきます。シソを入れないもの（白干し）もおいしいので、両方作ってみるのもいいでしょう。

酢の香りはほとんど気になりません

酢を使った減塩梅干し

酢の力で
色鮮やかな
仕上がりに

塩を減らすために、酢を加えています。酢の香りはほのかに感じる程度で、爽やかなあと口が楽しめます。お茶うけにもおすすめ。失敗が少ない作り方です。

材料

梅……………………1kg
塩……………………100g
酢……………………100ml
赤ジソ（お好みで）…100g
塩（シソの塩もみ用）…20g

＊酢は米酢など、お好みのものをご利用ください。

作り方

→P16

塩を入れる時に一緒に酢を入れます。食べ頃は3ヶ月後から。1〜2年で食べ切りましょう。

分量早見表

梅300g
塩30g＋酢30ml＋シソ30g

梅500g
塩50g＋酢50ml＋シソ50g

梅2kg
塩200g＋酢200ml＋シソ200g

＊シソを入れる場合は、シソの塩もみ用の塩（シソの重量の20%）が別に必要です。

One Point

酢の効果で色鮮やかに

シソは入れても入れなくてもどちらでもよいですが、酢を入れることでシソの発色がよくなるので、鮮やかな色合いの梅干しに仕上がります。

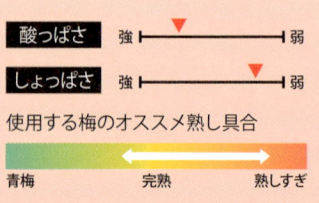

酸っぱさ　強 ―――― 弱
しょっぱさ　強 ―――― 弱

使用する梅のオススメ熟し具合
青梅　完熟　熟しすぎ

減塩でもしっかり梅干しの味です

焼酎を使った減塩梅干し

深みのある
酸味に
じわっと旨味

塩を減らし、焼酎を加えることで減塩しています。しょっぱさは控えめでも、ちゃんと昔ながらの梅干しの味を楽しむことができます。ずっと作り続けたいレシピです。

材料

梅……………………1kg
塩……………………100g
焼酎………………100ml
（ホワイトリカー）
赤ジソ（お好みで）…100g
塩（シソの塩もみ用）…20g

作り方

→P16、P20

塩を入れる時に一緒に焼酎を入れます。食べ頃は3ヶ月後から。1〜2年で食べ切りましょう。さらに減塩したい場合は冷蔵庫を使用します。

分量早見表

梅300g
塩 30g ＋ 焼酎 30ml ＋ シソ 30g

梅500g
塩 50g ＋ 焼酎 50ml ＋ シソ 50g

梅2kg
塩 200g ＋ 焼酎 200ml ＋ シソ 200g

＊シソを入れる場合は、シソの塩もみ用の塩（シソの重量の 20％）が別に必要です。

One Point

アルコールが苦手でも大丈夫

漬け込みの過程でアルコールは飛びますので、できあがりの時にはアルコールが弱い方でも安心してお召し上がりいただけます。

若干落ち着いた色合いに

焼酎を入れると、シソの発色がやや落ちるので、少々落ち着いた色合いに仕上がります。

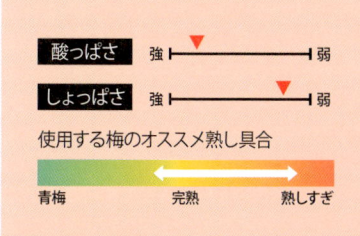

酸っぱさ　強 ―▼――――― 弱
しょっぱさ　強 ―――――▼― 弱

使用する梅のオススメ熟し具合
青梅　完熟　熟しすぎ

はちみつ梅干し

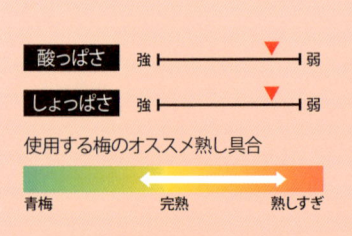

みんな大好き！　ほの甘い梅干しについ手がのびる

やさしい甘さで
お茶うけにも
ぴったり

変わり梅干しの定番人気。
おやつ感覚で食べることができて
誰もが大好きなまろやかさ。
梅干しが苦手という人でも、
これなら喜んでもらえそう。

作り方の流れ

6月　漬け込み

できるだけ熟した梅で作りましょう。梅そのものの自然な甘味でさらにおいしくなります。

7月　塩もみしたシソを加える（省略可）

シソは入れても入れなくてもＯＫですが、はちみつの香りとシソはかなりの好相性です。

7月下旬　土用干し（省略可）

３日間しっかり干さなくても、１日程度干すだけで、十分旨味がアップします。

9月　食べ頃

土用干し後、すぐに食べることもできますが、１ヶ月後くらいからがよりおいしくなります。

酸っぱさ　強 ―――▼― 弱

しょっぱさ　強 ―――▼― 弱

使用する梅のオススメ熟し具合

青梅　完熟 ⟷ 熟しすぎ

作り方

1 梅を洗います。

ボウルなどに梅を入れて、何度か水を取り替えながら洗います。

2 梅の水気を取ります。

よく熟している梅は皮が破れやすいので、優しく扱いましょう。

3 容器にすべての材料を入れます。

梅、塩、焼酎を入れたら軽くゆすって全体をなじませ、さらにはちみつを加えます。

4 毎日軽く振ります。

１日１回は、軽くゆするようにして全体をなじませます。梅から少しずつ水分（梅酢）が出て、はちみつがサラサラになってきます。

5 梅酢が上がればひと安心です。

液体部分の量が倍ほどに増え、水に近いくらいサラサラになってきたら、そのまま保管。

6 塩もみした赤ジソを入れます。

お好みでシソを入れます。シソの塩もみの手順は

→P22

7 土用干し。

ぜひ干しましょう。甘い香りに虫が来ることもあるので、気になる場合は網付きのざる（P13）などの活用を。干した後は梅酢に戻さずに保管したほうがおいしいです。

8 できあがり。

味がなじんだ1ヶ月後くらいが食べ頃。 1年程度で食べきりましょう。保存は常温でOKです。

＊しっかり甘くしたい場合は、はちみつを1.5倍に増量ください。

材料

梅……………………………1kg
塩……………………………100g
はちみつ……………………300g
焼酎………100ml
（ホワイトリカー）
赤ジソ……１束
（約 200g）
塩…………40g
（シソの塩もみ用）

分量早見表

梅300g
塩30g ＋はちみつ90g
＋焼酎 30ml ＋シソ60g

梅500g
塩50g ＋はちみつ 150g
＋焼酎 50ml ＋シソ100g

＊シソを入れる場合は、シソの塩もみ用の塩（シソの重量の20%）が別に必要です。

One Point

はちみつを選んでさらにおいしく

おいしいはちみつを使えばさらにおいしく仕上がります。はちみつ風味のシロップではなく、原材料を確認して、純粋なはちみつを選ぶとよいでしょう。

はちみつ風味のシソがおいしい！

ほんのり甘いはちみつ風味のシソがおいしくて、これを楽しみに作る人もいるほど。普段は余りがちなシソも、はちみつ梅干しのものならお茶うけ感覚で楽しめます。

ほんのり甘い梅干し

まろやか味でぱくぱく食べられる不思議な梅干し

まろやか味で
食べやすく
失敗も少ない！

子供も大好きな甘い梅干しです。
箸休めやお茶うけでも食べたい、
クセのない優しい味わいが
みんなに人気の減塩タイプです。
お好みの砂糖で作ってください。

作り方の流れ

6月　漬け込み

できるだけ熟した梅で作りましょう。梅そのものの自然な甘味でさらにおいしくなります。

←

7月　塩もみしたシソを加える（省略可）

シソは入れても入れなくてもOKですが、ほのかに甘いシソもおいしいものです。

←

7月下旬　土用干し（省略可）

3日間しっかり干さなくても、1日程度干すだけで、十分旨味がアップします。

←

9月　食べ頃

土用干し後、すぐに食べることもできますが、1ヶ月後くらいからがよりおいしくなります。

酸っぱさ　強 ――――――▼―― 弱

しょっぱさ　強 ――――――▼―― 弱

使用する梅のオススメ熟し具合

青梅　　完熟 ⟷ 熟しすぎ

作り方

1 梅を洗います。

ボウルなどに梅を入れて、何度か水を取り替えながら洗います。

2 梅の水気を取ります。

よく熟している梅は皮が破れやすいので、優しく扱いましょう。

3 容器にすべての材料を入れます。

梅、塩、砂糖を入れてから、焼酎を加え、軽くゆすって全体をなじませます。

4 毎日軽く振ります。

1日1回は、軽くゆするようにして全体をなじませます。梅から少しずつ水分（梅酢）が出てきます。

5 梅酢が上がればひと安心です。

液体部分の量が倍以上に増えたら、ひと安心。

6 塩もみした赤ジソを入れます。

お好みでシソを入れます。
シソの塩もみの手順は
→P22

7 土用干し。

1日程度で大丈夫です。
土用干しの手順は
→P26

8 できあがり。

味がなじんだ1ヶ月後くらいが食べ頃。1～2年程度で食べきりましょう。

材料

梅……………………… 1kg
塩……………………… 100g
砂糖…………………… 100g
焼酎…………… 50ml
（ホワイトリカー）
赤ジソ（約200g）… 1束
塩………………… 40g
（シソの塩もみ用）

＊砂糖は白砂糖、きび砂糖、黒砂糖などお好みのもので。

分量早見表

梅300g
塩 30g ＋砂糖 30g
＋焼酎 15ml ＋シソ 60g

梅500g
塩 50g ＋砂糖 50g
＋焼酎 25ml ＋シソ 100g

＊シソを入れる場合は、シソの塩もみ用の塩（シソの重量の20%）が別に必要です。

One Point

砂糖によって味も変わります

白砂糖を使えばくっきりとした甘さに、きび砂糖は素朴な甘さ、黒砂糖ならコクと旨味のある甘さに。砂糖を変えることで異なる風味が楽しめます。お好みでお試しください。

シソが意外なおいしさに！

ほんのり甘いシソも楽しみのひとつ。普段は余りがちなシソも、箸休めやお茶うけ感覚で楽しむことができます。

昆布漬け梅干し

昆布の旨味を梅干しに含ませてコクのある味わいに

昆布を漬け込むことで
さらにおいしく仕上げた梅干しです。
昆布に含まれる
天然のグルタミン酸が旨味をアップ。
昆布もおいしくいただけます。

ふくよかな
旨味が
広がります

材料

梅……………1kg
塩……………180g
焼酎…………100ml
（ホワイトリカー）
昆布…………30g

＊薄めで柔らかい昆布が食べやすいです。

おしゃぶり昆布もできる！

土用干しの時に、昆布も一緒に干せば、1～2日程度で梅干し味のおしゃぶり昆布ができあがります。手軽なおやつに最適です。

作り方

1 梅を洗って水気を取ります。

→P19

2 昆布を食べやすい大きさに切って焼酎をかけます。

4～5cm程度にカットしておくとよいでしょう。

3 容器にすべての材料を入れます。

4 土用干し。 →P26

食べ頃は1ヶ月後から。1～2年で食べ切りましょう。

詳しい作り方は、基本の梅干しの作り方をご覧ください

→P16

酸っぱさ　強 ▼―――――― 弱

しょっぱさ　強 ▼―――――― 弱

使用する梅のオススメ熟し具合

青梅　完熟　熟しすぎ

唐辛子漬け梅干し

辛さと酸っぱさ、旨味が渾然となったハマる味

大人のための
変わり梅干し
お酒のお供にも

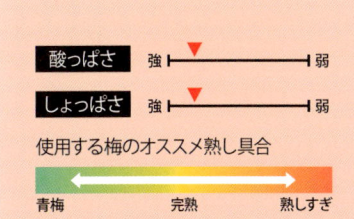

梅干しに唐辛子!? ちょっと驚かれそうですが、意外にも相性抜群。やみつきになる味です。そのまま食べても、細かく刻んで魚料理などに添えてもよく合います。

材料

梅……………… 1kg
塩……………… 150g
焼酎…………… 100ml
（ホワイトリカー）
赤唐辛子……… 20g
（小口切り）
赤ジソ（お好みで）… 1束
（約 200g）

＊シソの塩もみ用として40gの塩も必要です。

作り方

1 梅を洗って水気を取ります。

→P19

2 容器にすべての材料を入れます。

3 お好みで塩もみしたシソを入れます。

シソは入れても入れなくても、それぞれのおいしさが楽しめます。

4 土用干し。 →P26

食べ頃は1ヶ月後から。1〜2年で食べ切りましょう。

詳しい作り方は、基本の梅干しの作り方をご覧ください

→P16

One Point

「酸っぱくて辛い」は結構使えます

そのまま食べるだけでなく、細かく刻んでオリーブオイルやごま油などと和えて、魚や肉料理、鍋のタレ、ソースとしても利用できます。スープに少し入れるなど、多彩な使い方ができる梅干しです。

青梅で作ってもおいしいです

熟した梅で作ればふっくら柔らかな仕上がりですが、まだかたい青い梅で作っても、シャープな酸味が辛味とよく合います。刻んでお料理に使うとよいでしょう。

酸っぱさ　強 ▼──────── 弱
しょっぱさ　強 ▼──────── 弱

使用する梅のオススメ熟し具合

青梅　　完熟　　熟しすぎ

計量不要！あっという間に仕込みができる

梅酢で漬ける梅干し

梅酢に梅を
漬けるだけ
失敗もなし！

「とにかく簡単な梅干し」（P8）よりも実は簡単なこの作り方。あっさりとした味わいです。漬けた梅酢も余った梅酢も料理に活用できます。

材料

梅……………適量
梅酢…………適量

＊梅がかぶる程度の量の梅酢をご用意ください。

梅酢は自然食品店などで購入できます。白梅酢、赤梅酢どちらでも。

作り方

1 梅を洗って水気を取ります。
→P19

2 容器にすべての材料を入れます。

3 土用干し →P26
食べ頃は1ヶ月後から。1～2年で食べ切りましょう。

詳しい作り方は、基本の梅干しの作り方をご覧ください
→P16

One Point

調味料感覚で気軽に使える梅酢

梅酢とは、梅を塩漬けした時に出てくる水分のこと。市販の梅干しと一緒に入っている赤い液体も梅酢です。普段の調理の味付けに気軽に使えて、とても便利なアイテム。P58参照。

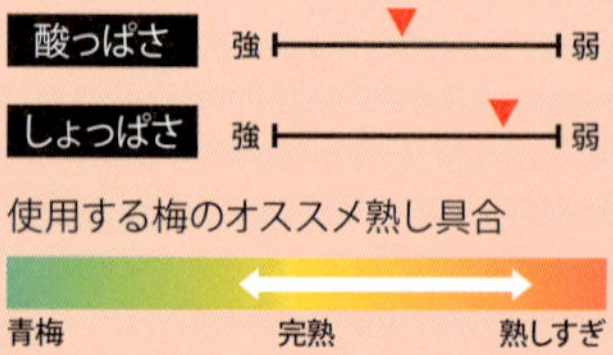

PART 3

梅干しを使った料理

手作り梅干しの旨味を生かすために、塩や醤油などの量は最小限に抑えるのがおいしく作るコツです。味見しながら、自分好みの味に仕上げましょう。

たこと梅の炊き込みご飯

梅干しでたこのクセも消えて食べやすい味に

作り方

1 お米をといで、水をきってから炊飯器に入れます。

2 出汁を入れて、30分浸水させます。

3 一口大に切ったたこと手でくずした梅干しをのせて炊飯します。

4 炊き上がったら、梅干しの種を取り除き、しょうが、三つ葉を加えてさっくりと混ぜます。

材料 (2人分)

米 …………………… 2合
たこ (蒸したもの) ……… 150g
梅干し ……………… 3個
出汁 ………………… 390ml
トッピング
　しょうが ………… 1かけ
　(極細の千切り)
　三つ葉 …………… 1/2袋
　(青じそでも可)

アレンジ方法

おむすびにも向きます

もっちりとした歯触りのご飯です。冷めてもおいしいので、おむすびにしてもよいでしょう。簡単なのに華やかなおもてなしメニューとしてもおすすめです。

鶏ムネ肉の梅蒸し

次の日もちゃんとおいしい便利おかず

作り方

1 鶏ムネ肉は軽く塩をふり、20分室温に置きます。余分な水分をキッチンペーパーなどで拭き取ります。

2 ネギは4～5cm程度に切り、しめじは石づきをとり、ほぐしておきます。

3 耐熱皿に **1** をのせ、ネギ、しめじ、手でくずした梅干しを入れて、酒を回しかけ、ふわっとラップをして600Wの電子レンジで4分加熱します。

4 いったん取り出し、鶏肉を返してさらに3分加熱し、そのまま2分おきます。

5 鶏肉を食べやすい大きさにスライスして、ネギ、しめじ、梅干しと一緒に盛りつけます。

材料 (2人分)

鶏ムネ肉	1枚
梅干し	3個
ネギ	1本
しめじ	1/2パック
塩	小さじ1/2
酒	大さじ1

アレンジ方法

梅干しパワーで鶏肉の臭みもオフ

梅干しのおかげで、次の日になっても鶏独特のクセや臭みが出てきません。細かくちぎってサラダに入れたり、サンドイッチの具にしても。応用がきく便利なレシピです。

梅と山芋のたたき

暑い季節にぴったり。元気が出る簡単おかずです

材料 (2人分)

山芋 …………………… 200g
梅干し ………………… 2個
出汁 …………………… 大さじ1～2
白いりごま ………… 小さじ1

作り方

1 梅干しは種を取り除いて、包丁で叩いておきます。

2 山芋は皮をむいて麺棒で叩き、くずしておきます。

3 2 をボウルに入れて 1 の梅干し、出汁を加えてよく混ぜて器に盛り、白いりごまをかけます。

アレンジ方法

ネバネバメニューで夏バテ対策

暑い季節など、食欲のない時にも簡単にできて元気が出るメニューです。長芋でも同様に作ることができます。

ネギたっぷり梅のスープ

疲れた時、風邪気味の時に温まります

材料 (2人分)

ネギ	1本
小ネギ	3本
梅干し	2個
しょうが	1かけ
とろろ昆布	2つまみ
出汁	600ml
塩	少々

作り方

1. ネギは5mm程度の斜め切り、小ネギは小口切り、しょうがは千切りにしておきます。
2. 鍋に出汁と梅干しを入れ、沸騰したらネギを入れます。
3. 再度沸騰し、ネギがしんなりしたら、しょうがの千切りを加え、塩で味を調整します。
4. 器に盛り、小ネギ、とろろ昆布をトッピングします。

アレンジ方法

雑炊やうどんにも

ご飯を入れて雑炊にしたり、うどんを入れても、身体が温まる一食に。

混ぜるだけで簡単。そのままでも、料理に活用もできます。

味付け練り梅

地味な見た目でも、とにかくご飯が進みます
野菜などに添えても

使い方のアイデア

- 温かいご飯にのせて。
- おむすびの具に。
- 野菜スティックに添えて。
- 納豆に混ぜて。
- 冷や奴やお刺身と一緒に。

おむすびに塗り、オーブントースターで約10分で絶品の焼きおにぎりに。青ジソと一緒にどうぞ。

One Point

炒飯にも使えます

熱したごま油で味付け練り梅をよく炒めたら、ご飯を入れて合わせます。炒め物にも活用できます。

作り方

1. アルコールに弱い方、子供が食べる場合はみりんを煮切って冷ましておきます。

   鍋で沸騰させればOKです。電子レンジで軽く加熱してもいいでしょう。

2. 梅干しは種を取り除いて包丁で叩き（細かく刻み）、しょうがも細かく刻みます。

3. 材料をすべて混ぜます。

材料

梅干し…………………… 5～6個
しょうが ……………… 少々
みりん ………………… 大さじ1
白いりごま …………… 大さじ1
かつお節……………… 10g

味付け練り梅を使って

梅きゅう巻き

お弁当にも活躍するさっぱり味の巻き寿司です

材料（2人分）

ご飯	2膳分
鶏ササミ	1本
きゅうり	1本
味付け練り梅（P50）	大さじ2
海苔	2枚

作り方

1. 鶏ササミはゆでて冷まし、細くさいておきます。
2. きゅうりは千切りにしておきます。
3. 巻きすに海苔、ご飯を広げ、1 の鶏ササミ、2 のきゅうり、味付け練り梅をのせて巻きます。
4. 食べやすい大きさに切ります。

アレンジ方法

お好みの具でお試しください

「味付け練り梅＋きゅうり」、「味付け練り梅＋青ジソ」、「味付け練り梅＋お刺身＋青ジソ」、「味付け練り梅＋くるみ＋蒸しかぼちゃ＋青菜」など、お好みの組み合わせで巻き寿司を楽しんでみてください。

梅豆腐ディップ

さっぱりした軽い味なので
たっぷり食べられます

使い方のアイデア

・パンにつけて。
・マヨネーズ代わりに。
・肉料理や魚料理のソースとして。

作り方

1 梅干しは種を取り除いて包丁で叩いておきます。

2 すべての材料をよく混ぜます。
＊フードプロセッサーを使用すれば簡単になめらかな仕上がりになります。

材料

梅干し……………………1個
木綿豆腐………………1/2丁
塩…………………………少々
醤油………………………少々

One Point

絹ごし豆腐ならよりなめらかなソースに

木綿豆腐を絹ごし豆腐に代えて作れば、さらに口当たりがなめらかなソースになります。

油分を加えればマヨネーズ風に

練りごまもしくはごま油、オリーブオイルなどを大さじ1程度加えれば、コクのあるマヨネーズ風になります。

梅豆腐ディップを使って

白和え風サラダ

たっぷりディップで野菜がどんどん進みます

材料（2人分）

梅豆腐ディップ（P52）…… 大さじ3
お好みの野菜 ………… 適量
（みょうが、グリーンアスパラガス、かぶ、にんじん、れんこんなど）

作り方

1. 野菜は食べやすい大きさに切って、軽くボイルしておきます。
2. 器に野菜と梅豆腐ディップを盛りつけます。

アレンジ方法

野菜は何でも合います
野菜は、生でもボイルしたり蒸したものなど、お好みでどうぞ。蒸したにんじんやじゃがいも、あるいは生のにんじんやきゅうり、大根などのスティックサラダにもよく合います。蒸した白身魚などに添えて食べるのもおすすめです。

混ぜて盛りつけてもOK
湯がいた青菜、蒸したにんじんなどと和えて白和えとしておいしく食べることができます。

アボカド梅ディップ

コクのある味わいは
おもてなしレシピとしても

使い方のアイデア

・パンにつけて。
・野菜スティックに添えて。
・タルタルソースとして。
・納豆に混ぜて。

One Point

梅干しっぽさがないので苦手な方にも

梅干しを感じさせない洋風のディップなので、梅干しが苦手な方にも食べてもらえるはずです。しっかりコクのある味ですが、たっぷり食べても、もたれることがないのも魅力。トルティーヤチップスなどにつけてもおいしいので、簡単なパーティメニューとしてもおすすめです。

梅干し好きなら 梅干しを大きく残して

なめらかなディップにするにはフードプロセッサーが便利ですが、梅干し好きであれば、梅干しは手で刻んだものをあとから混ぜるという方法もおすすめです。時折口の中に感じる梅干しの味が魅惑的です。

作り方

1 梅干しは種を取り除いて包丁で叩いておきます。アボカドは半分に切り、種と皮を取り除いておきます。

2 1 と残りの材料をよく混ぜます。
*フードプロセッサーを使用すればよりなめらかな仕上がりになります。

材料

梅干し…………………… 1個
アボカド ……………… 1個
豆乳…………………… 大さじ1
(牛乳や生クリームでもOK)
レモン汁……………… 少々

アボカド梅ディップを使って

白身魚のフライ

揚げ物もさっぱりと。たっぷりかけてどうぞ

材料（2人分）

白身魚などのフライ … 2～3枚
生野菜 …………………… 適宜
（盛りつけ用にベビーリーフなどお好みで）
アボカド梅ディップ(P54) … 大さじ4

作り方

1. 揚げたてのお好みの白身魚のフライを用意します。
2. 生野菜と一緒に盛りつけます。
3. アボカド梅ディップをたっぷりかけます。

アレンジ方法

フライなら何でも！

エビフライやアジフライ、カキフライなど、どんなフライにもよく合います。スライスした鶏ハム、ハンバーグなどに添えるのもおすすめです。タルタルソースよりもくどくないので、幅広い年齢層の方に楽しんでもらえるはずです。

梅ナッツソース

純植物性なのに
チーズのような濃厚なコク

使い方のアイデア

- パンにつけて。
- 野菜サラダや温野菜に添えて。
- 肉や魚に添えて。
- ご飯にのせて。

One Point

さらに簡単に作るなら

梅ナッツソースは、お好みのナッツなら何でもOKですが、さらに簡単に作るなら、無糖のピーナッツペーストや練りごまを利用するとよいでしょう。フードプロセッサーやすり鉢を使用しなくても簡単になめらかなソースを作ることができます。水を少しずつ加えてよく混ぜ合わせて仕上げるのがコツです。

お好みのナッツでどうぞ

カシューナッツ、アーモンド、くるみなど、どんなナッツでもおいしく作ることができます。何種類かのナッツをブレンドしてもOKです。お好みでお試しください。

作り方

1. 梅干しは種を取り除き、包丁で細かく叩いておきます。
2. かぼちゃの種はフライパンで煎って、すり鉢で粉状になるまですります。
3. 2 に梅干しを入れ、梅酢と水を少しずつ加えながらのばします。
4. ソース状になれば、できあがり。

＊フードプロセッサーで混ぜると簡単になめらかになります。ナッツの代わりにピーナッツバターでもOKです。

材料

梅干し……………………1個
かぼちゃの種…………80g
（お好みのナッツでOK）
梅酢（なくてもよい）………少々
水…………………………100ml

梅ナッツソース を使って

梅風味のサテー

ピーナッツで作った梅ナッツソースが香ばしい

材料 (2人分)

梅ナッツソース ……… 大さじ5

＊下記すべてを混ぜ合わせます。P56のレシピでももちろんOKです。

- ピーナッツペースト … 大さじ4
- 梅干し ……………… 1個
  （種を取り除き、包丁で細かく叩いておく）
- 醤油 ………………… 大さじ1/2
- 熱湯 ………………… 適量

鶏ササミ ……………… 3本

作り方

1. 鶏ササミはボイルします。
2. 1 を3等分し、串に刺して、梅ナッツソースをたっぷり塗ります。
3. 魚焼きグリルで5分ほど焼きます。こげやすいので注意しましょう。

アレンジ方法

焼いた厚揚げやボイル野菜にも

スライスした厚揚げや豆腐、ボイルした野菜に塗って焼いてもよいでしょう。豆腐を使う場合は、しっかりと水きりするとおいしく仕上がります。

魚介類にも使えます

グリルした白身魚にたっぷり梅ナッツソースを塗って、こんがりした色になるまで再度焼けば、ごちそうメニューになります。炒めたイカに梅ナッツソースをからめて、ボリュームのある炒め物にしても。

梅酢を使いこなす

ぜひともキッチンに常備したい万能選手。多彩に活躍します。

梅酢とは何か？

梅の成分がたっぷり含まれたエキス 白梅酢と赤梅酢の2種類があります

梅酢とは、梅を塩漬けした時に出てくる水分のこと。料理をはじめ、幅広く使える家庭の万能選手です。赤ジソを入れて赤く染まったものが赤梅酢、赤ジソが入っていないものは白梅酢と呼び、最初は透明な白梅酢も時間が経つと、やや茶色く色づいてきます。酸味と塩味、深い旨味があり、白梅酢は梅そのものの味わい、赤梅酢はほんのりシソの風味が感じられます。どちらも自然食品の店などで市販もされています。

（写真上）塩漬け後、出たばかりの白梅酢
（写真右）手前が白梅酢、奥が赤梅酢

食品衛生に

暑い季節に特に心配なお弁当 梅酢を上手に活用して

おむすびを握る時に手水の代わりに梅酢をつけるなど、お弁当に活躍します。スプレーボトルに入れ、お弁当の仕上げに高いところから軽くスプレーする方法もあります。

健康管理に

昔からある家庭の万能薬 白梅酢が効果が高いとか

お腹の調子が悪い時や風邪気味の時に飲んだり、虫さされや水虫に塗ったりするなど、様々な場面で使用されてきました。風邪予防の効果も期待できます。スプレーボトルに3〜4倍に薄めた梅酢を入れて、口の中にスプレーするといいでしょう。梅酢でのうがいもおすすめです。

料理に

一度使うと手放せない便利さ ほんのちょっとで味が引きしまります

煮物や炒め物などの隠し味としてほんの1〜2滴加えるだけで、味にぐっと深みが出ます。和食はもちろん、カレーなどどんな料理にもよく合います。酸味と塩味に加え、旨味がたっぷりなのでドレッシング（P59）にも大活躍。ポテトサラダなら、ゆでたじゃがいもに練りごまと梅酢を加えれば、マヨネーズを使わなくても作ることができます。鮮やかな色を利用してピンクの寿司飯を作ったり、紅しょうがの色づけにも（P60）。また、めんつゆに加えてそうめんのつゆにしたり、醤油に加えて爽やかなつけ醤油にすることも。梅酢をプラスチックのトレーなどに流し、天日で干すとピンク色が美しい梅風味の塩になります。

- **隠し味に。**
- **ドレッシング作りやめんつゆに加えて。**
- **紅しょうがや寿司飯などの色づけ、味付けに。**
- **梅塩作りに。**

梅酢ドレッシング

梅酢は手作りドレッシングの強い味方です

意外と和食との相性もいい
エスニックテイスト

スイートチリソース

材料

梅酢……………小さじ1
米あめ…………大さじ1
(水あめ、はちみつでもOK)
砂糖……………大さじ1
醤油……………少々
にんにく………1/2 かけ
唐辛子…………1 本

作り方

1 にんにくはすりおろし、唐辛子は細かく刻んでおきます。

2 すべての材料をよく混ぜます。

•冷蔵庫で2週間程度保存可能。

One Point

•生春巻きやオムレツ、揚げ物などに。

自然の甘味が生きた
コクのあるおいしさ

玉ねぎドレッシング

材料

梅酢………………大さじ1
玉ねぎ(中) ………1/2 個
砂糖………………小さじ1
オリーブオイル …100ml

作り方

1 玉ねぎを細かく刻みます。

2 残りの材料と混ぜます。

＊玉ねぎはすりおろしても。フードプロセッサーで作ると簡単です。

•冷蔵庫で2週間程度保存可能。

One Point

•新玉ねぎで作るとさらにおいしくできます。
•炒め物に加えるとボリュームが出ます。

何にでも合い
応用がきく万能タイプ

シンプルドレッシング

材料

梅酢………………大さじ1
オリーブオイル …100ml
醤油………………少々
レモン汁…………少々

作り方

1 すべての材料をよく混ぜます。

•冷蔵庫で2週間程度保存可能。

One Point

•オリーブオイルはごま油や菜種油などお好みのオイルに代えても。
•すりおろしたしょうが、すりごまなどをたっぷりと加えてもおいしいです。
•野菜サラダだけでなく、肉や魚に添えてもよく合います。

紅しょうが

爽やかな香りは手作りだからこその楽しみです

根しょうが（普通のしょうが）で作る

年間を通じてすぐ作れるお手軽タイプ

材料

しょうが ‥‥‥‥‥‥‥ 適量
赤梅酢 ‥‥‥‥‥‥‥‥ 適量

＊白梅酢では赤く染まりませんのでご注意ください。

作り方

1 しょうがは洗って汚れたところを取り除き、皮をむいて千切りにします。辛さが苦手な方は、千切り後にさっと湯がいてもよいでしょう。

2 小皿などにしょうがを入れ、赤梅酢をかけます。しょうが全体に行き渡る程度の量をかけてください。

3 30分も置けば、ピンクに染まった紅しょうがになります。しっかり染めるなら1日ほど冷蔵庫で置くとよいでしょう。

One Point

思いたったらすぐできる

焼きそば、お好み焼き、牛丼など、ちょっと紅しょうがが欲しいという時も、すぐに作ることができる簡単レシピです。

使った梅酢も活用できます

しょうがを漬けたあとの梅酢は香りがよく、ドレッシングなどにも使えます。ただし、冷蔵庫に入れて、早めに使い切りましょう。

4 1週間もすれば、中までしっかり赤く染まります。気になる場合は切ってチェックを。

5 食べる時に千切りにして盛りつけます。1ヶ月程度で食べきりましょう。

材料

新しょうが…………適量
赤梅酢………………適量

＊白梅酢では赤く染まりませんのでご注意ください。

One Point

赤梅酢があるならぜひトライを

爽やかな辛味と香りが楽しめる新しょうがで作る紅しょうがは初夏だけの楽しみです。一度食べたら、やみつきになること間違いなしです。ぜひお試しください。

漬け込んだ梅酢も使えます

新しょうがを漬け込んだ梅酢ももちろん活用できます。爽やかなしょうがの風味がついているので、ドレッシング、カレーなどの隠し味に使用するとよいでしょう。2ヶ月程度で使いきりましょう。

急ぐ場合は

新しょうがでも、急ぐ場合は根しょうがと同様に千切りにしてから梅酢をかける方法で作ることもできます。

新しょうがで作る

初夏限定のとっておきタイプ

作り方

1 新しょうがはタワシを使ってこするように洗います。汚れた部分は包丁などで取り除きます。

1 大きいと中まで染まるのに時間がかかるので、4～5cm程度に切り分け、ざるなどにのせて室内で半日～1日ほど干します。

3 消毒した容器にしょうがを入れ、ひたひたになるくらい梅酢を注ぎます。ふたをして冷蔵庫へ。

しば漬け

サラダ感覚で食べられる、暑い季節にぴったりの浅漬け

材料 (2人分)

きゅうり …………… 1本
みょうが …………… 1個
なす ………………… 1/2個
しょうが …………… 1かけ
梅酢 ………………… 大さじ2
みりん ……………… 大さじ1

One Point

青ジソを入れても

千切りにした青ジソを入れても香りがよく、おいしくなります。ほかにも、醤油を少したらしたり、砂糖少々を加えるなどして、自分好みの味を工夫してみてください。

野菜は何でもOK

ほかにズッキーニやキャベツなどでもよいでしょう。お好みの野菜でどうぞ。

作り方

1 すべての野菜を千切りにします。

切り方はお好みで。なすやきゅうりはやや大きめでもよいでしょう。早く味を染み込ませたい場合は薄切りに。

2 アルコールに弱い人、子供が食べる場合はみりんを煮切っておきます。

鍋で沸騰させればOKです。電子レンジで軽く加熱してもいいでしょう。

3 すべての材料をポリ袋に入れて、よくもみます。

4 冷蔵庫で半日ほど置きます。

1日置けば、味がさらにこなれておいしくなります。薄切りの場合は30分程度で食べることができます。

＊よく絞った赤ジソ大さじ1程度を細かく刻んで入れてもおいしいです。

梅干しをアレンジする

梅干しは、そのまま食べたり、そのままで料理に使うだけでなく、アレンジする楽しみもあります。自分好みの食べ方を見つけてみてください。

塩気を抜けば食べやすく
アレンジも簡単

❶ 水に浸けて塩抜き

塩抜きは、水に浸けて、冷蔵庫で1〜2日置きます。水気をきったら、そのまま食べるもよし、料理に使うもよし、右の写真のようにアレンジも楽しめます。塩抜き後は冷蔵庫で保存し、早めに食べきりましょう。

はちみつ漬けに

はちみつをかけて、半日ほど冷蔵庫に置くだけで、おやつ感覚の梅干しになります。はちみつ梅干し（P38）よりも甘味が強い味です。

梅シロップ漬けに

梅シロップ（P96）をかけて、冷蔵庫に半日〜1日置くと、おいしいデザートに変身します。梅シロップの香りや甘味が引き立ちます。

メープルシロップ漬けに

メープルシロップをかけて冷蔵庫で半日。不思議とジャンクな甘味になるのがユニーク。メープルシロップの甘味が増幅される感覚です。

ジャムに

塩抜きした梅3個（種を取り除く）、豆乳（牛乳でも）100cc、砂糖大さじ4を鍋に入れて、煮込みます。駄菓子を思わせるジャムになります。

料理に使うなら
叩いておくと便利

❷ たたき梅

かたくて食べづらい梅、塩気が強すぎる梅は、種を取り除いて細かく叩いておく（刻んでおく）と使いやすく便利。ご飯にのせる、青菜や海藻と和える、肉や魚料理に添えるなど、手軽に利用できます。

鍋のお供に最適！
爽やかな香りがあとをひきます

❸ かんきつ梅

種を取り除いて叩いた梅干しに、ゆず、レモン、すだちなど、お好みのかんきつ類を搾り、皮も細かく刻んで混ぜ込みます。鍋の時をはじめ、肉や魚料理に添えるなど、大活躍します。

江戸時代から愛される
日本の伝統調味料

❹ 煎り酒

鍋に酒200ccと昆布7〜8cmを入れてしばらく漬け、梅干し2〜3個を入れて煮立て、かつお節ひとつかみを入れます。こしてできあがり。刺身醤油としてどうぞ。薄口醤油を混ぜてもおいしいです。

赤ジソを使いこなす

料理を引き立てるシソ。余りがちな赤ジソを活躍させましょう。

シソと青菜のまぜご飯

刻んで混ぜるだけ。ランチや夜食にも便利です

材料（2人分）

赤ジソ ……………… 15g
温かいご飯 ………… 4膳分
小松菜 ……………… 1/2束
みょうが …………… 1個

作り方

1 小松菜はさっと湯がいておきます。

2 シソ、1の小松菜、みょうがはすべて粗みじん切りにします。

3 温かいご飯に2を混ぜます。

アレンジ方法

冷めてもおいしいご飯です

おむすびにしてもおいしく食べられます。お好みで白いりごまを加えてもいいでしょう。シソの塩味があるので、調味料は使う必要がありません。

鶏ひき肉と春菊、シソの餃子

あっさり味の餃子に箸が進みます

材料 (2人分)

赤ジソ	30g
鶏モモひき肉	200g
春菊	1/2束
ネギ	1/2本
キャベツ	3枚
片栗粉	大さじ2
餃子の皮	25枚

作り方

1. シソ、野菜は細かくみじん切りにします。
2. ボウルに餃子の皮以外のすべての材料を入れてよく混ぜ、皮で包みます。
3. 熱したフライパンに油（分量外）を入れて焼きます。

＊餃子につけるタレは醤油に梅酢少々とラー油をお好みで加えたものもおすすめです。

One Point

刻むか、ペースト状にすると使いやすくなります

赤ジソはまとめて刻んだり、フードプロセッサーを使ってペースト状にしておくと料理にも手軽に使えます。歯触りを残すなら刻んだものを、ペースト状のものはソースや調味料感覚で使えます。

白身魚ときのこのホイル焼き

きのこたっぷりで満足の一皿に

材料 (2人分)

赤ジソ ……………… 20g
生たら ……………… 2切れ
ネギ ………………… 1本
しめじ ……………… 1/2袋
エリンギ …………… 1本
バター ……………… 大さじ1

アレンジ方法

シソの力で魚の臭みも消えます

この料理の場合は、シソは刻まずにそのまま入れて大丈夫です。季節の白身魚でお試しください。お好みでペースト状にしたシソを食べる直前に添えてもいいでしょう。

きのこもお好みのものを

その時に手に入るきのこなら何でも構いません。できれば何種類かたっぷりと入れることで、複雑な旨味が生まれます。

作り方

1. ネギは斜め切りに、エリンギは縦にスライス、しめじは食べやすい大きさに分けておきます。
2. クッキングシートにネギ、生たら、シソ、しめじ、エリンギ、バターの順にのせます。
3. 2 を軽く閉じてから、アルミホイルでしっかり包み、オーブントースターで15〜20分焼きます。

野菜とシソの蒸し豚ロール

ボリュームも野菜もたっぷりのごちそうレシピ

材料 (2人分)

豚ロース肉（しゃぶしゃぶ用）	10枚
赤ジソ	50g
にんじん	1/2本
えのきだけ	1/2袋
小ネギ	5本
酒	少々
ポン酢（お好みで）	適量

作り方

1. にんじんは細い千切りに、えのきだけは石づきを取り、小ネギはえのきと同じくらいの長さに切っておきます。
2. 豚ロース肉2枚を重ねて広げ、1/5量のシソとえのきだけ、野菜を巻きます。残りも同様に作ります。
3. 耐熱皿に 2 を並べて、酒を回しかけ、ふわっとラップをして電子レンジで3分加熱します。
4. いったん取り出してひっくり返し、再度1分半加熱し、そのまま2分置きます。
5. お好みでポン酢をかけていただきます。

アレンジ方法

ポン酢の代わりに梅酢でも

梅酢（P58）を醤油や出汁で割ったものをポン酢として使ってもよいでしょう。さっぱりした味や酸っぱい味が好きな方は梅酢をそのままかけても構いません。

シソの手まり寿司

ころんと丸いピンクのご飯が愛らしい

材料 （2 人分）

- 温かいご飯 ………… 3膳分
- 鯛の刺身（スライス）…… 5枚
- エビ（ゆでておく）……… 5尾
- 梅酢 ………………… 大さじ$1\frac{1}{2}$
- 赤ジソ ……………… 30g
- いくら ……………… 適宜

（トッピング用。なくてもよい）

作り方

1. ご飯は温かいうちに梅酢をよく混ぜ、10等分し、丸めておきます。
2. 鯛のお寿司とエビのお寿司をそれぞれ作ります。鯛のお寿司は 1 にシソを広げてのせ、上に鯛、いくらの順にのせます。
3. エビのお寿司は、ご飯をエビでくるんでから、上にシソをのせます。

アレンジ方法

何かと便利な梅酢のご飯

梅酢を混ぜるだけで、簡単に寿司飯を作ることができます。この寿司飯は冷めてももっちりとした食感なので、具材は生ものを避けるなど工夫すればお弁当にも活用できます。ほんのりピンクの色がかわいらしく、おもてなしメニューにもおすすめです。

PART 4

広がる梅仕事

梅干しの他にも、梅で作る梅仕事の楽しみはたくさんあります。できたものをそのまま味わうだけでなく、料理に活用するのも楽しみです。

カリカリ梅

気分もしゃっきりするカリカリの歯応え

新鮮な青梅を手に入れて、すぐに作業するのがコツです。梅酢が上がってきたら冷蔵庫へ。これでカリカリ感はずっと続きます。

かむごとに
口の中に広がる
酸っぱい味

作り方

1 梅を洗います。 →P19

2 水に浸けてアク抜きをします。

3 水気を取ります。 →P19

4 ヘタを取ります。 →P20

5 容器に梅と塩、最後に焼酎を入れ軽くゆすります。

6 梅酢が上がったら冷蔵庫へ。

4～5日経ち、塩がほぼ溶け、梅から水分が出てきたら冷蔵庫へ。

7 できあがり。

1ヶ月後くらいから食べ頃。赤くしたい場合は赤ジソを入れます。土用干しはせずに冷蔵庫で保存します。1年くらいで食べ切りましょう。

材料

青梅 …………………… 500g
塩（小梅の場合は65g） … 75g
焼酎（ホワイトリカー） …… 大さじ3

*小梅でも普通の梅でもOK。冷蔵庫に入る分量で作ります。シソを入れる場合は軽くひとにぎりで十分。
*シソを入れる場合は、シソの塩もみ用の塩（梅の重量の20%）が別に必要です。

酸っぱさ
強 ▼ ― 弱

しょっぱさ
強 ▼ ― 弱

使用する梅の
オススメ熟し具合

青梅　完熟　熟しすぎ

カリカリ梅を使って

だし巻き卵

赤い色と食感が楽しめます

材料 (2人分)

卵	3個
カリカリ梅	2個
出汁	大さじ1
みりん	大さじ1

*カリカリ梅は赤く染まったものを使うと色が楽しめますが、シソなしのものでも作ることができます。

作り方

1 みりんは煮切っておきます。

鍋で沸騰させればOKです。電子レンジで軽く加熱してもいいでしょう。

2 カリカリ梅はみじん切りにします。

3 卵を溶いて、出汁、1のみりん、2を混ぜます。

4 熱したフライパンに油を薄く敷き、3を1/3流し入れ、菜箸でさっと混ぜ、固まったら巻きます。これを3回くり返します。

カリカリ梅を使って

じゃこ炒飯

カリカリの食感に食欲も進みます

材料 (2人分)

ご飯	2膳分
カリカリ梅	2個
ちりめんじゃこ	20g
卵	1個
小ネギ	3本
ごま油	大さじ1
白いりごま	大さじ1

作り方

1 カリカリ梅は粗みじん切り、小ネギは小口切りにします。

2 フライパンにごま油の半量を熱し、卵を溶いて流し入れていり卵を作り、取り出します。

3 同じフライパンに残りのごま油を熱し、ご飯、ちりめんじゃこ、カリカリ梅、2、小ネギ、白いりごまの順に加えて炒めます。

青梅の醤油漬け

カリカリの梅も醤油も使える便利アイテム

醤油味のカリカリ梅と香りのいい醤油が一度にできてしまう便利なレシピです。梅のカリッとした食感を残すためには、できるだけ新鮮な青梅を使いましょう。

香りと酸味が
料理を
引き立てます

材料

青梅 …………… 250g
醤油 …………… 200ml程度

＊醤油は梅がヒタヒタになる程度の量を使用します。薄口醤油のほうが梅の香りが引き立ちます。

作り方

1 梅を洗います。 →P19

2 水に浸けてアク抜きをします。

1時間ほど水に浸けてから、水気を拭き取ります。

→P19

3 容器に梅と 醤油を入れます。

4 冷蔵庫へ。

10日くらいで漬かります。2ヶ月程度で食べきりましょう。

One Point

小梅でも普通の梅でも可

梅は小梅でも普通の梅でも構いませんが、果肉も料理に活用できるので小梅よりは普通の梅のほうが活躍範囲が広くなります。どちらにしても、できるだけ新鮮なものを選びましょう。

料理にどんどん活用できます

醤油は刺身醤油、つけ醤油として活躍します。ドレッシング作りにもおすすめ。果肉は細かく刻んでトッピングしたり、野菜などと和えてもおいしいです。

酸っぱさ

強 ▼ 弱

しょっぱさ

強 ▼ 弱

使用する梅の
オススメ熟し具合

青梅 完熟 熟しすぎ

青梅の醤油漬けを使って

ブリのカルパッチョ

シンプルなお刺身も簡単に豪華メニューに

材料（2人分）

ブリ（刺身用）	100g
トマト	1個
ベビーリーフ	1パック
玉ねぎ	1/4個
青梅の醤油漬け（実）	1個
青梅の醤油漬け（醤油）	大さじ1/2
バルサミコ酢	大さじ1/2

作り方

1. トマトはくし形に、玉ねぎはスライス、梅の実は千切りにしておきます。
2. ブリは厚めにスライスします。
3. 醤油とバルサミコ酢を混ぜておきます。
4. お皿にベビーリーフを盛り、ブリ、トマト、玉ねぎ、梅の実をのせ、3をかけます。

アレンジ方法

切り方でおいしさも変化

ブリは厚めに切ることで、ボリューム感が出ますが、薄くスライスしても、よいでしょう。梅は細い千切りにするとよく合います。

刺身サラダでも

お好みの刺身と野菜、梅を和えても簡単な刺身サラダになります。

酢漬け梅

そのままでも料理にも。エキスも大活躍

梅をそのまま食べたり、エキスを薄めて飲むほか、実もエキスも料理に活用できます。酢の物やピクルス、ドレッシング作りなどにどうぞ。

見た目はプリッと
中はふんわり
まろやか味

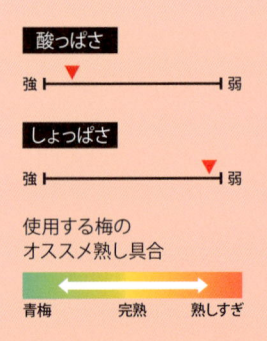

材料

梅 …………………… 500g
塩 …………………… 50g
砂糖 ………………… 100g
酢 …………………… 500ml

＊酢はお好みのもので。米酢やリンゴ酢などがよく合います。

作り方

1 梅を洗います。→P19

2 水気を取ります。→P19

3 容器に材料をすべて入れます。
梅と塩、砂糖を入れてから最後に酢を注いで、軽くゆすります。

4 1ヶ月ほどでできあがり。
常温に置いて約1ヶ月経つと、梅の成分が染み出して、おいしい酢になります。その後は要冷蔵で1〜2年で使い切りましょう。

One Point

爽やかなサワードリンクとしても

ここで作ったエキスは水で薄めて飲んでもいいでしょう。夏バテ対策にもぴったりです。お好みでミントなどハーブなどを加えてもおいしいです。

酸っぱさ
強 ▼―――――― 弱

しょっぱさ
強 ――――――▼ 弱

使用する梅の
オススメ熟し具合
青梅　完熟　熟しすぎ

酢漬け梅を使って

梅風味の酢豚

梅が素材の味を引き立ててくれます

材料（2人分）

豚肩ロース …………… 200g
酢漬け梅（実）………… 2個
にんじん …………… 1/2本
ピーマン …………… 2個
玉ねぎ ……………… 1/2個
たけのこ …………… 1/2本
小麦粉 ……………… 大さじ1
塩、こしょう ……… 適宜
揚げ油（豚肉の素揚げ用）… 適量

タレ

- 酢漬け梅（エキス）… 大さじ2
- トマトケチャップ… 大さじ2
- 醤油 ……………… 大さじ1
- はちみつ ………… 大さじ1

水溶き片栗粉………… 片栗粉大さじ1/2、水大さじ1

作り方

1 豚肩ロースは食べやすい大きさに切ってから、塩、こしょうをしっかりふり、小麦粉を薄くはたいておきます。

2 野菜は食べやすい大きさに切り、梅は食べやすい大きさにちぎります。タレの材料は混ぜ合わせておきます。

3 フライパンに揚げ油を熱し、1を素揚げします。

4 3のフライパンの油をあけ、素揚げした豚肉、野菜を炒め、タレを加えてよく混ぜます。

5 塩、こしょう適量（分量外）で味を整え、水溶き片栗粉でとろみをつけます。

梅ピクルス

突き抜ける酸味が見事。箸休めにもおすすめ

あると役立つ
梅のピクルス
漬け汁も便利

もともとが酸っぱい梅のピクルスは飛び上がるほどの酸味とカリカリの歯応えに。皮をむくことでシワのない仕上がりになります。

材料

青梅 ………………… 1kg
塩 ……………………… 50g
焼酎（ホワイトリカー） …… 大さじ2

ピクルス液
- 酢 ………………… 400ml
- 砂糖 ……………… 100g
- 唐辛子 …………… 2〜3本
- スパイス ………… 適量

＊スパイスはブラックペッパー、ローリエ、クローブ、コリアンダー、ローズマリーなどお好みで。

作り方

1 ピクルス液の材料を鍋に入れて煮立て、冷ましておきます。

2 梅の皮をむきます。

梅は洗って水に1時間ほど浸けてアク抜きし、水気を拭き取ってから皮をむきます。

3 塩と焼酎をかけてよくもみます。

4 1と3を容器に移し、冷蔵庫へ入れます。

5 2〜3日でできあがり。

冷蔵庫で保存して半年ほどで食べきりましょう。

酸っぱさ
強 ▼ 弱

しょっぱさ
強 ▼ 弱

使用する梅の
オススメ熟し具合
青梅 完熟 熟しすぎ

梅ピクルスを使って

ローストポークと野菜のサンドイッチ

ボリュームたっぷりのサンドイッチによく合います

材料（2人分）

雑穀系のパン	4枚
ローストポーク	適量
ベビーリーフ（お好みで）	適量
玉ねぎ（お好みで）	適量
バター	適量
梅ピクルス	4個

作り方

1. 玉ねぎはスライスしておきます。
2. パンを軽くトーストして、バターを塗り、材料をはさみます。
3. 器に盛り、梅ピクルスを添えます。梅ピクルスは薄くスライスして一緒にはさんでもおいしいです。

アレンジ方法

サンドイッチ、ハンバーガーに

お好みの具で作ったサンドイッチやハンバーガーに梅ピクルスをどうぞ。こってり系の具に特に合います。ほかに、揚げ物の箸休めとしても口の中がさっぱりします。

タルタルソースにも

梅ピクルスを細かく刻んで、タルタルソースに混ぜても爽やかな味になります。マヨネーズに加えれば、簡単にタルタルソースに。サンドイッチにはさんでもおいしいです。

梅味噌

発酵食品で元気に！ 使い勝手のいい調味料

ぷくぷくと熟成している様子を眺めるのも楽しみ。豆腐に添えたり、野菜や魚介類などの和え物、炒め物など、様々な料理に使うことができます。

そのままでも
料理にも活躍する
やみつき味噌

作り方

1 梅を洗います。 →P19

2 青梅の場合は水に浸けて1時間ほどアク抜きをします。

3 水気を取ります。 →P19

4 容器に梅、味噌、砂糖の順に何回かに分けて重ねます。

口が広いガラスびんなどが使いやすいです。

5 毎日かき混ぜます。

菜箸などを使い、空気を含ませるようにしながら混ぜます。ぷくぷくと発酵してきます。

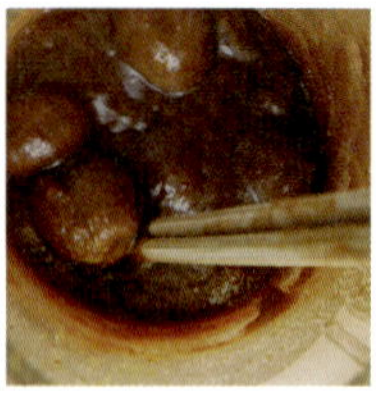

6 2週間ほどでできあがり。

実は取り出します。味噌だけで使ってもいいですし、種を除いた実を刻んで料理に使ったり、味噌に混ぜて保存もできます。冷蔵庫で保存し、1年ぐらいで食べきりましょう。

材料

梅	250g
味噌	250g
砂糖	150g

＊砂糖はお好みのものでOKです。

酸っぱさ

強 ━━━━━━━━▼━━ 弱

しょっぱさ

強 ━━━━━━▼━━━━ 弱

使用する梅の
オススメ熟し具合

青梅 ←→ 完熟　熟しすぎ

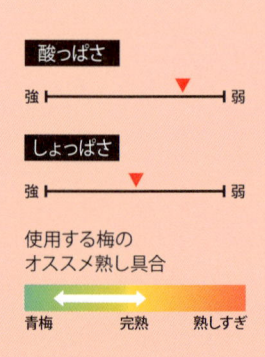

梅味噌
を使って

野菜スティック

コクのあるソースは止まらないおいしさ

作り方

1 梅味噌とクリームチーズをよく混ぜ合わせます。

2 スティック状に切った野菜に添えます。

材料

梅味噌 …………………… 大さじ2
クリームチーズ ……… 大さじ4
きゅうり、にんじん、大根など
（お好みで） ……………… 適宜

アレンジ方法

幅広く使えるディップです
パンに塗ったり、肉料理や魚料理に添えてもおいしいです。ボイルした野菜や魚介類などとこのディップを和えても、ボリュームある一品になります。

マヨネーズやオイルとも好相性
梅味噌だけでも使用できますが、マヨネーズやオリーブオイル、ごま油などを混ぜることでコクのあるおいしさになり、洋風の料理にもよく合うようになります。ぜひお試しください。

梅びしお

青梅でも熟した梅でも作れる便利なレシピ

梅が香る
まろやかな
甘味噌

キズや傷みがあって、梅干し作りで取り除いたものも、梅びしおには使えます。青梅でも熟した梅でも大丈夫ですし、入り交じっていても構いません。

作り方

1 梅を洗い水気を取ります。
→P19

2 鍋にみりんと梅を入れ、火にかけます。

梅から水気が出てきて、味噌を入れた時になじみやすくなります。

3 味噌を加えてさらに煮ます。

時々かき混ぜながら煮込みます。こげつきそうな場合は水を少々加えます。

4 梅が煮くずれたら、種を取り出します。

5 できあがり。

消毒した保存容器に移します。

6 冷蔵庫で保存します。

半年程度で食べきります。

材料

梅 …………………… 250g
味噌 ………………… 200g
みりん ……………… 70ml

＊みりんの代わりに砂糖70gでも可。

酸っぱさ
強 ―――――▼―― 弱

しょっぱさ
強 ―――――▼――― 弱

使用する梅の
オススメ熟し具合
青梅 ←――――――→ 熟しすぎ
青梅　完熟　熟しすぎ

梅びしお
を使って

鶏ササミと豆腐の田楽

香ばしい梅と味噌の香りが食欲をそそります

材料 (2人分)

タレ
- 梅びしお ………… 大さじ1
- 味噌 ………………… 大さじ1/2
- はちみつ ………… 大さじ1

木綿豆腐 …………… 1/2 丁
鶏ササミ …………… 3 本
木の芽、白いりごま (トッピング用) …適宜

作り方

1 豆腐は軽く水きりをし、鶏ササミはボイルします。

2 梅びしおと味噌、はちみつをよく混ぜておきます。

3 豆腐と鶏肉を食べやすい大きさに切って、串に刺します。 2 を塗って、魚焼きグリルに入れ、味噌が少しこげる程度に焼きます。

アレンジ方法

焼きおにぎりにも
ここで作ったタレはおむすびに塗って焼くと絶品の焼きおにぎりになります。こんにゃくに塗ってもおいしいです。白身魚にもおすすめで、魚焼きグリルで魚を焼いたあと、タレを塗って再度焼くと香ばしく仕上がります。

梅ペースト

ペースト状の酢として、調味料として使えます

梅を煮つめただけで味は付けていないので、応用が利きます。酢として使え、ほかの調味料と合わせたり、お湯で溶いて甘味を加えて飲み物にしても。

梅の味
そのものを
凝縮しました

作り方

1 梅を洗い、青梅の場合は水に浸けてアク抜きをします。 →P19

2 水気を取ります。 →P19

3 梅の種を取り除きます。

青梅であれば、梅を押しつぶして種を取り除きます。面倒なら煮てから種を取り除いてもよいでしょう。

包丁で実の部分を切り取ってもよいです。熟しているものなら、包丁を使うとやりやすいです

4 フードプロセッサーにかけます。

なめらかに仕上がります。そのまま煮るとジャム風の質感になります。

5 鍋に移して煮ます。

20分程度、弱火で煮込みます。

6 できあがり。冷蔵庫へ。

冷蔵庫で保存して1年ぐらいで食べきります。

材料

梅 …………………… 適量

＊青梅で作ると酸味の強い仕上がりに、熟した梅ならフルーティな味になります。

酸っぱさ

強 ▼ ――――――― 弱

しょっぱさ

強 ――― なし ――― 弱

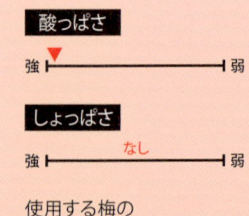

使用する梅の
オススメ熟し具合

青梅　完熟　熟しすぎ

梅ペースト
を使って

さっぱり温麺

食欲がない時でもつるりといただけます

材料（1人分）

梅ペースト	小さじ1〜2
そうめん	1束
出汁	400ml
酒	大さじ2
醤油	小さじ1
塩	適量
とろろ昆布	ひとつまみ
三つ葉（お好みで）	適宜

作り方

1 そうめんをゆでます。

2 鍋に出汁を熱して、酒、醤油、塩を加え、1のそうめんを加えます。

3 器に移し、三つ葉、とろろ昆布、梅ペーストをのせます。

アレンジ方法

めんつゆに入れると味が引きしまります

温かいうどんやそばはもちろん、冷たい麺類のめんつゆに少し加えてもさっぱりいただけます。暑い季節には特におすすめ。

オリジナル調味料作りも楽しみです

梅ペーストは味付けしていないので、甘味を加えればジャムに、味噌やみりんなどを加えれば梅びしおに変身します。梅ペーストをベースに、少量ずつ楽しめるのが利点。

梅酵母

自家製酵母でパン作りが楽しめます

季節を問わずできる酵母です。生の梅はもちろん、梅シロップを作ったあとの梅からでも酵母はできます。梅がほんのり香る酵母を育ててみましょう。

手間いらずで
育つ楽しみ
があります

作り方

1 梅を洗い、水気を取ります。

→P19

2 つまようじなどで穴をあけます。

酵母が育ちやすいように、梅全体に小さな穴をあけておきます。

3 容器にすべての材料を入れて常温に置きます。

密封はせず、ふんわりラップをかけて輪ゴムでゆるくとめておきます。

4 1日1度軽くゆすります。

新鮮な空気が入るよう、ラップをはずしてゆすります。

5 1週間〜10日ほどで完成。

沈殿物が出てきて、シュワシュワと泡立ったあと、少し泡が落ち着いた頃ができあがりの目安です。

6 冷蔵庫へ。

冷蔵庫に入れて保存します。パンやお菓子作りなど、1ヶ月以内で使い切ります。飲用もできます。

材料

梅	100g
水	150ml
はちみつ	大さじ2

＊はちみつの代わりに砂糖でもできます。梅シロップの梅の場合は、糖分は不要です。

酸っぱさ

強 ―――――▼― 弱

しょっぱさ

強 ――なし―― 弱

使用する梅の
オススメ熟し具合

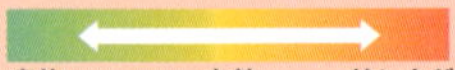

梅酵母 を使って

梅の天然酵母パン

ちぎった時にふんわりと梅が香ります

作り方

1 ボウルに塩以外のすべての材料を入れて、ざっくり混ぜ合わせて30分室温に置きます。

2 生地がゆるんだ感じになったら塩をふり、50回ほどしっかりこねて、ラップをかけて30分室温に置きます。

3 生地を外側から内側へ丸め込むようにしてこねて、またラップをかけて30分室温に置きます。

4 再度 **3** を繰り返して冷蔵庫に12時間ほど置き、常温に出して1時間ほど置きます。

5 粉（分量外）をふってガスを抜きながら、生地を折るようにしながらまとめます。

6 ラップをかぶせて30分ほど置いてから、再度生地を折るようにまとめ、好みの形に成形、ラップをかけて生地を1時間ほど置きます。

7 生地に霧吹きで水をかけ、250℃に予熱しておいたオーブンで20〜30分ほど焼きます。

材料

強力粉 ……………… 250g
砂糖 ………………… 10g
水 …………………… 100ml
梅酵母 ……………… 50g
塩 …………………… 小さじ1

アレンジ方法

梅酵母パウンドケーキ
パウンドケーキやマフィンなど、ベーキングパウダーの代わりに梅酵母でも作れます。生地を半日ほど発酵させてから焼きましょう。

梅で元気に美しく

身体の調子を整えてくれる成分がたっぷり詰まった梅。

梅を暮らしに取り入れて、元気に美しく過ごしましょう。

酸っぱいってどんな味？

右は小学生に梅干しを食べてもらった写真です。とても酸っぱいものを食べた時は、誰でも酸っぱさの感覚にしばし浸ってしまうようです。そして、この体験をしたことがある人は、身体の条件反射として、梅干しを見るだけで（本物でも写真や映像でも）、梅干しという言葉を聞くだけでも、自然と唾液が湧いてきます。唾液は消化吸収をアップするので、梅干しのある食卓は健康につながるのです。

梅干しのおいしさは酸味と塩味のバランスです。酸っぱいだけでも塩辛いだけでも、あの旨味は生み出されないのです。

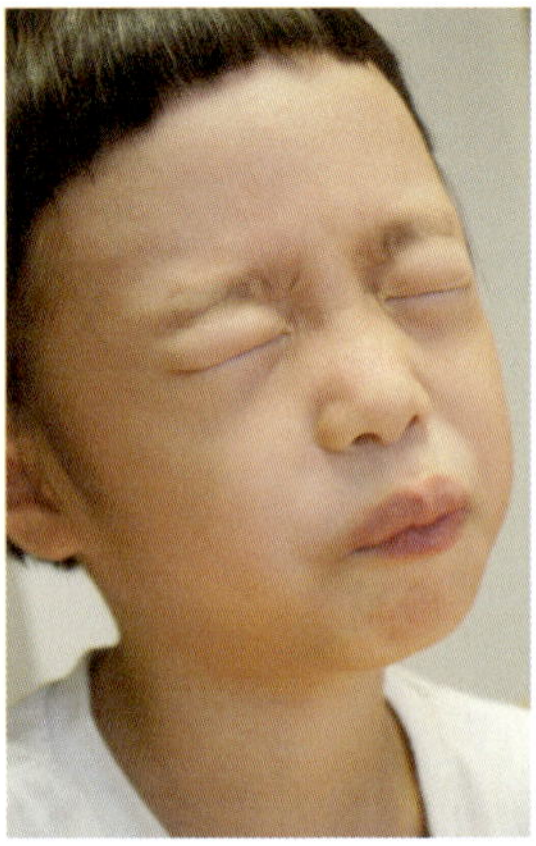

こんなにすごい梅の成分

梅干しの酸味はクエン酸によるものです。クエン酸は身体の働きを高めてくれる成分。疲労回復や食欲増進、消化の促進をはじめ、血液を浄化したり、カルシウムの吸収を高める働きや、胃腸を守る効果も期待できます。便秘や下痢などお腹の調子がよくない時にも効果的です。ほかにも生活習慣病を予防する効果があるという説も。苦手であれば無理に食べるものではありませんが、日々の食生活に取り入れてみてもよさそうです。

食べるだけでなく、梅干し作りなど、梅仕事をしているとどんどん元気が湧いてくる、毎年梅仕事をしていたら健康になったという話が多いのも不思議な点です。好きなことをしているからかもしれませんが、梅には何か隠された力もあるような気がします。

梅の民間療法アレコレ

古くから体調管理に活躍してきた梅干し。気軽に試すことができるのは「梅醤番茶」です。梅干しに醤油1滴、あればしょうがのすりおろしを加え、熱い番茶を注ぎ、梅干しをくずしながら飲みます。疲れた時、風邪気味の時、二日酔いやお腹の調子がいまいちな時などにおすすめ。面倒な時は梅干しにお湯を注ぐだけでもOKです。さっぱりしておいしく飲むことができます。

ほかに、歯痛や肩こりには梅の実を患部に当て、頭痛の時にはこめかみに。のどが痛い時は黒焼きにした梅干しを粉にして貼るという方法もあります。

PART 5

梅で楽しむ飲み物とおやつ

梅ならではの爽やかな甘味と酸味が魅力のおやつと飲み物は、そのおいしさにやみつき。おもてなしにも、夏バテ対策、疲労回復などにもおすすめです。

カリカリ砂糖漬け

食感が楽しめる、暑い季節にうれしいデザート

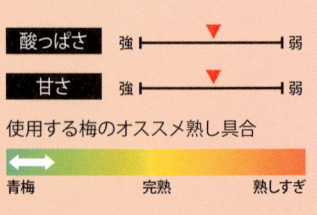

甘酸っぱい梅で
夏の疲れも
リフレッシュ

爽やかで上品な甘味は、夏のおもてなしに最適です。カリカリの食感を楽しむためには、新鮮な青梅を選び、購入後はできるだけすぐに作業を始めましょう。

作り方の流れ

5月
漬け込み

梅酒、梅シロップ用などと表示されている青梅を使用します。カリカリの食感を残すために、新鮮なものを使うのがおいしく作るコツです。梅を手に入れたら早めに作業を始めましょう。

←

1週間後
できあがり

味がなじんだら、食べることができます。そのまま食べても、刻んでアイスクリームなどに添えてもおいしいです。

酸っぱさ　強 ―▼― 弱

甘さ　強 ―▼― 弱

使用する梅のオススメ熟し具合

青梅 ⟷　完熟　熟しすぎ

作り方

1 梅を洗い、水に浸けてアク抜きをします。
→P19

2 梅の水気を取ります。
→P19

3 梅から種を取り除きます。

びんの底などを利用して梅を押しつぶすと、実が割れて、種を取り出すことができます。

4 梅に砂糖をまぶします。

5 焼酎を回しかけます。

6 冷蔵庫で1週間置いてできあがり。

砂糖が完全に溶けて、果肉が落ち着いた色に変わったら、食べ頃です。冷蔵庫で保存して、1ヶ月くらいで食べきります。

材料

青梅……………………250g
砂糖……………………130g
焼酎（ホワイトリカー）………50ml

＊砂糖はお好みのもので。すっきりした味を楽しむなら白砂糖やきび砂糖などがおすすめです。

分量早見表

梅300g
砂糖160g＋焼酎60ml

梅500g
砂糖260g＋焼酎100ml

梅1kg
砂糖520g＋焼酎200ml

One Point

必ず冷蔵庫で保存しましょう

カリカリの食感を保つために、最初の仕込みを終えたら、漬け込みも保存もずっと冷蔵庫です。青い未熟な梅を使えば、カリカリの食感はかなり持続します。

お菓子作りにも使えます

細かく刻んで餡と混ぜたり、パウンドケーキの生地に練り込んだりすると、加熱してもフレッシュな梅の風味が楽しめます。

煮梅

翡翠《ひすい》を思わせる美しい色つや。贅沢な甘味です

ひんやり
とろりとした
上品なおいしさ

じっくりと丁寧に甘味を煮含ませて仕上げる贅沢なデザートです。初夏の季節だけしか味わえない爽やかな香りと上品な甘さが絶品。皮が破れないように煮るのが腕の見せ所です。

作り方の流れ

5月

仕込み

←

できあがり

梅酒、梅シロップ用と表示されている青梅を使用します。かたく未熟な実で作ることで、煮たあとも形がきれいに残ります。熟したものでは実がくずれやすくジャム状になってしまいます。

できあがりからすぐ食べることができます。そのままはもちろん、寒天などと一緒にみつ豆風にしてもおいしく食べられます。

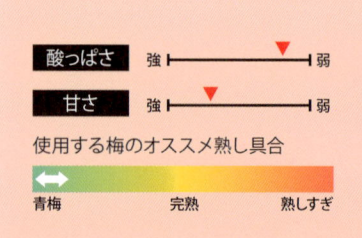

酸っぱさ　強 ―▼― 弱

甘さ　強 ―▼― 弱

使用する梅のオススメ熟し具合

青梅　完熟　熟しすぎ

5 再度水を入れ、砂糖を半量加えて煮ます。

下ゆでの湯は捨て、梅がかぶる程度の水を入れてから、砂糖を加えます。分けて砂糖を入れることでふっくら煮上げます。

6 残りの砂糖を加えて煮ます。

7 アクはしっかり取りましょう。

アクはどんどん出てくるので、丁寧にすくいましょう。

8 粗熱が取れたら冷蔵庫へ。

冷蔵庫で保存して、1ヶ月程度で食べきります。煮汁と一緒に保存しておきましょう。

作り方

1 梅を洗い、水に浸けてアク抜きをします。

→P19

2 梅の水気をふき取ります。

→P19

3 つまようじで穴をあけます。

小さな穴を全体的にあけておくことで、皮が破裂するのを防ぎます。

4 5分間ゆでます。

青臭さを取るために静かに下ゆでします。グラグラと煮立てないように火加減に注意しましょう。

材料

青梅……………………500g
砂糖……………………500g

＊砂糖はお好みのもので。白砂糖、きび砂糖、黒砂糖などどんな砂糖で作ってもおいしいです。

分量早見表

梅300g
砂糖 300g

梅 1kg
砂糖 1kg

One Point

青梅&弱火で作りましょう

梅を煮る時の火力は常に弱火です。強火で煮立ててしまうと、あっという間に皮が破れたり、実がくずれてしまうのでご注意ください。熟したものも実がくずれやすいので不向きです。

よく冷やして食べるとおいしいです

暑い季節なら、冷蔵庫でよく冷やして食べるとよいでしょう。かき氷に添えるのも楽しみのひとつです。煮汁にもおいしいエキスが染み出していますので、シロップ感覚で活用できます。

梅ジャム

梅のおいしさが詰まった季節限定のジャム

青梅、熟した梅…
どんな梅でも
作れます

砂糖控えめにさっと煮たもの（写真右）はフレッシュなおいしさ。
じっくり煮詰めたもの（写真左）はコクのあるおいしさ。どちらも甘酸っぱい風味がたまりません。

作り方の流れ

5〜6月
仕込み

←

できあがり

青梅でも熟した梅でも何でも大丈夫。梅干し作りの際にキズや傷みが気になって取り除いたものをジャムにするとよいでしょう。

できあがったらすぐに食べることができます。パンやクラッカーにつけたり、カレーの隠し味など料理に使うこともできます。

酸っぱさ　強 ―――▼― 弱

甘さ　強 ―▼――― 弱

使用する梅のオススメ熟し具合

青梅 ←――――→ 熟しすぎ（青梅・完熟・熟しすぎ）

作り方

1 梅を洗い、水気を取ります。

→P19

2 鍋に水と梅を入れてしばらく煮ます。

水は梅がかぶる程度。アクが出てきたら取り除きます。しばらくすると実が煮くずれてきます。青梅の場合は一度沸騰したら湯を捨てて、再度水を入れて煮始めます。

3 種を取り除きます。

実が煮くずれてきたら、お玉と菜箸などを使って、種を取り除きます。

4 砂糖を加えてとろみが出るまで煮ます。

フレッシュ感を残したいなら10分程度で、じっくり煮詰めた味を楽しむなら30〜40分は煮込みます。

5 できあがり。

煮沸したびんにジャムが熱いうちに入れてふたをします。粗熱が取れたら冷蔵庫で保存します。冷蔵庫で保存して、2ヶ月程度で食べきります。食べきれない場合はジップ付き袋などに入れて、冷凍保存しておくとよいでしょう。

材料

梅……………………………500g
砂糖…………………………350g

＊比較的甘めのレシピ（糖度70%）です。砂糖の量は味見をしながらお好みで増減してください。

分量早見表

梅300g
＋砂糖 210g

梅 1kg
＋砂糖 700g

甘さ控えめなら

梅500g
＋砂糖 250g(糖度 50%)

しっかり甘くするなら

梅500g
＋砂糖 450g(糖度 90%)

One Point

砂糖の量は好みと保存性で選んで

砂糖を減らせば保存性は落ちますし、増やせば保存性は高まります。味の好みと合わせて決めましょう。青梅の場合は、梅そのものの酸味が強いので、砂糖はやや多めにするとよいでしょう。

砂糖はお好みのもので

白砂糖、きび砂糖、はちみつ、メープルシロップなど、お好みのものでどうぞ。複数の甘味をブレンドしたものもおいしいです。

飛び上がるほど酸っぱい貴重なエキス

梅肉エキス

青梅パワーは
ぜひ家庭に常備
しておきましょう

大量の青梅から、ほんのちょっとしかできないエキスです。青梅を加熱することでできるムメフラールという成分がたっぷり含まれています。

酸っぱさ	強	▼	弱
甘さ	強	なし	弱

使用する梅のオススメ熟し具合

作り方の流れ

5月 仕込み → できあがり

梅酒、梅シロップ用と表示されているものなど、まだかたい青梅を使います。熟した梅では作ることができません。新鮮なものを選んで作りましょう。

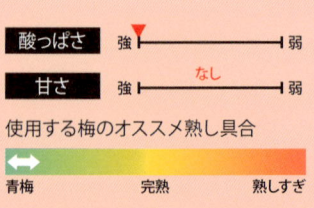

できあがったらすぐに食べることができます。少量をなめたり、お湯に溶かして飲むなど、少しずつお召し上がりください。

作り方

1 梅を洗い、水に浸けてアク抜きをして、水気を取ります。

→P19

2 梅をすりおろします。

＊おろし器は金属製のものは避けて。P13参照。急ぐ場合はフードプロセッサーを利用してもよいでしょう。種の取り除き方は →P82

3 ガーゼでエキスを搾ります。

ボウルの上にガーゼを広げ、2を少しずつ入れながら、しっかりと搾ります。搾った液がエキスになります。

4 エキスを弱火で煮ます。

ほうろう鍋や土鍋などを使って、じっくりと弱火で煮込みます。

5 3〜4時間煮込んで、粘り気が出たらできあがり。

煮込めば煮込むほどムメフラールの成分が多くなると言われています。余裕があればさらにじっくりと煮てみてください。

6 消毒した保存びんに入れて保存します。

1kgの梅からジャムびんにほんのちょっとしか作ることができません。保存は常温で何年でももちます。

材料

青梅……………………1〜2kg

＊家庭の鍋のサイズでは、このぐらいが作りやすい量です。

One Point

とにかく酸っぱい！ お湯に溶いてどうぞ

そのままでは酸味が強いので、通常は耳かき1杯程度の量をコップ1杯のお湯で溶いて飲むとよいでしょう。飲みづらい場合は甘味を加えてどうぞ。右の写真では甘酒に入れています。甘酸っぱく飲みやすい味になります。

疲れた時、お腹の調子が悪い時などに

疲労回復、体調改善、お腹の調子が悪い時などに効果的です。子供でも飲むことができます。ぜひお試しください。

夏を元気いっぱいに過ごせる健康ドリンク

基本の梅シロップ

誰もが喜ぶ
爽やかな
甘酸っぱさ

簡単に作れて梅のおいしさがしっかり楽しめます。水やソーダで割ってジュースにしたり、かき氷シロップとして、お菓子や料理の甘味付けとしてもおすすめです。

作り方の流れ

5〜6月
漬け込み

青梅でも熟した梅でも作ることができます。青梅ならすっきり味、熟した梅なら香り高い味に。どちらもおいしいです。冷凍梅（P31）で作ると生梅よりも早くエキスが出ます。生梅に比べ、やや香りは劣りますが、十分においしい仕上がりです。

⬅

6月
できあがり

仕込んで2週間くらいから飲むことができます。夏バテ対策にもおすすめしたい飲み物です。

酸っぱさ　強 ―――――――▼― 弱

甘さ　強 ―▼――――――― 弱

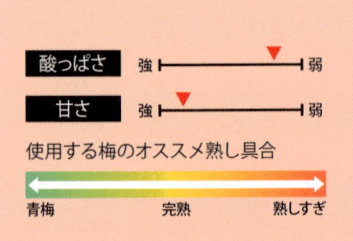

使用する梅のオススメ熟し具合

青梅　完熟　熟しすぎ

作り方

1 梅を洗い、水に浸けてアク抜きをします。

→P19

2 梅の水気を取ります。

→P19

3 消毒した容器に梅と砂糖を入れます。

密閉できるガラスびんが作りやすいです。梅全体に砂糖が行き渡るようにします。

4 1日1度くらい容器をゆすります。

梅と砂糖をなじませるために、軽く容器をゆするとよいでしょう。とはいえ、通常は何もしなくても大丈夫です。泡立って発酵してしまったら、酢少々を加えるか、煮沸してから冷蔵庫へ。

5 2週間くらいでできあがり。

梅から少しずつ水分が出てきて、砂糖もだんだんと溶けていきます。砂糖が完全に溶けて、梅よりも水分が多いくらいになったら完成です。できあがりは少しとろみのある液体です。保存はできれば冷蔵庫で、1年くらいで飲みきりましょう。梅の実はそのまま食べることもできますし、種を取り除いてジャムにしてもいいでしょう。

梅シロップを使った簡単レシピ

梅のシャーベット

水で薄めたシロップ（やや濃いめ）をバットなどの平らな容器に入れて、冷凍庫で凍らせます。途中で何回かかき混ぜます。

材料

梅……………………………1kg
砂糖…………………………1kg

＊お好みの砂糖で作ってください。氷砂糖、白砂糖、きび砂糖、黒砂糖など。異なる種類の砂糖をブレンドしてもおいしいです。

分量早見表

梅300g
＋ 砂糖 300g

梅500g
＋ 砂糖 500g

＊砂糖をブレンドする場合も合計の量は同じです。

One Point

たった1日でできあがる方法

炊飯器を使用すればスピーディに仕上がります。作り方は、洗って水気を拭いた梅1kg、砂糖1kgを炊飯器に入れ、保温モードで約9時間置くだけ。冷めたら冷蔵庫で保存します。多少果肉がくずれても、おいしくいただけます。

長期保存する場合は煮沸を

長期保存する場合は、実を取り出したあと、鍋で軽く沸騰するまで煮立てて、冷めてから冷蔵保存し、2年くらいで飲みきりましょう。

どんなフルーツとも相性抜群です

フルーツ梅シロップ

季節のフルーツと一緒に漬け込むシロップです。甘夏などのかんきつ系やプラムなどお好みで。皮ごと漬けたいので、フルーツは無農薬のものを選ぶとよいでしょう。

フルーティな
香りの
贅沢シロップ

材料

梅 ……………………… 250g
砂糖 …………………… 250g
お好みのフルーツ
………… 100〜200g程度

＊フルーツは数種類を組み合わせてもおいしいです。

One Point

甘夏は特におすすめです

かんきつ系、特に甘夏はぜひ作ってほしいフルーツです。ほのかな苦みと甘酸っぱさの抜群の相性が楽しめます。

漬け込んだフルーツはジャムに

漬け込んだ梅とフルーツは1ヶ月ほどで取り出して、フードプロセッサーにかけてジャムとして楽しむとよいでしょう。すぐに食べきるなら加熱したり、煮込む必要もありません。

作り方

1 基本の梅シロップと同様。
→P96

2 容器に入れる際にフルーツ(洗って水気を拭いて、カットしたもの)を加えます。

しょうが梅シロップ

しょうがの成分で身体がじんわり温まる

しょうががほんのり香るシロップです。水や氷、ソーダで割るのもよいですが、寒い季節はお湯で割って、アツアツを飲むと、冷えてしまった時にも芯から温まります。

温め効果もある
とっておきの
シロップ

材料

梅 …………………… 250g
砂糖 ………………… 250g
しょうが …………… 100g

＊季節が合えば新しょうがで作るのもおすすめです。

作り方

1 基本の梅シロップと同様。 →P96

2 容器に入れる際にしょうが（洗って水気を拭いて、カットしたもの）を加えます。

One Point

しょうがは一口大にカットして

しょうがのエキスがよく出るように、一口大程度にカットして漬け込みます。

漬け込んだしょうがも活用しましょう

細かく刻んでパウンドケーキやマフィンなどの生地に加えたり、お湯を注いで飲んでも。そのままかじってもおいしいです。梅ももちろん食べることができます。

夏バテ対策には特におすすめのサワードリンク

酢入りの梅シロップ

酢を入れて漬け込むシロップです。梅の甘酸っぱさと酢の味がほどよく混じり合い、飲みやすいクセのない味に仕上がります。飲むと身体がシャキッとします。

暑い日々も
心身ともに
リフレッシュ

材料

梅 …………………… 250g
砂糖 ………………… 200g
酢 …………………… 200ml

＊酢は米酢やリンゴ酢などがおすすめです。

作り方

1 基本の梅シロップと同様。
→P96

2 容器に入れる際に酢を加えます。

One Point

料理にも活用できるシロップ

マリネ感覚で野菜や魚介類と和えたり、野菜を漬け込んでピクルス風など、料理にも活用できます。甘味が強いと感じる方はさらに酢を加え使ってもいいでしょう。

とろりと優しい味と香りに癒されます

はちみつ梅シロップ

はちみつで漬け込んだ優しい味と香りが楽しめるシロップです。シロップができあがったあとは、漬け込んだ梅を食べるのも楽しみのひとつです。

はちみつ梅とシロップのおいしさが合体

材料

梅 ……………………… 250g
はちみつ …………… 250g

＊塩を少々加えても甘さが引き立ちます。

作り方

1 基本の梅シロップと同様。 →P96

2 容器に入れる際にはちみつを加えます。

One Point

ミルク系との相性も抜群

豆乳や牛乳などで割ると、とろりとヨーグルト感覚。ほかの梅シロップでもできますが、はちみつ梅シロップはミルク系との相性が特にいいです。

ぜひ作ってみたい、だれもが好きになる絶品

酵素ジュース

梅の濃厚な香りと甘味が味わえる

混ぜることで発酵する酵素ジュース。愛飲している人も増えつつあり、果物や野菜、野草など様々な材料で作ることができますが、特に人気が高いのが梅の酵素ジュースです。

作り方の流れ

5～6月

漬け込み

青梅でも熟した梅でも作ることができます。青梅ならすっきり味、熟した梅なら桃のような濃厚なおいしさに。どちらもおすすめです。写真は完熟の梅で作ったものです。

6月

できあがり

仕込んでから、2週間程度で飲むことができます。水で割って飲みます。シロップとして使うこともできます。

酸っぱさ 強 ― 弱

甘さ 強 ― 弱

使用する梅のオススメ熟し具合

青梅 完熟 熟しすぎ

作り方

1 梅を洗い、青梅の場合はアク抜きをして、水気を取ります。 →P19

2 梅をカットします。 →P82

青梅であれば押しつぶして種を外したり、包丁でカット。熟した梅なら包丁で簡単にくずすことができます。種も一緒に漬け込みます。

3 容器に **2** の梅、砂糖の順で何回かに分けて入れます。

4 キッチンペーパーなどでふたをします。

常に発酵しているので、密閉せずに、ほこりよけに覆うのみ。

5 1日1回、かき混ぜ1週間ほど常温に置きます。

菜箸などを使い、全体が混ざるようにかき混ぜます。

6 ざるでこします。

気温にもよりますが1～2週間経って、砂糖がすべて溶けて、ぷくぷくと発酵してきたらざるやガーゼなどを使ってこします。

7 消毒した容器に移して、冷蔵庫へ。

保存はできれば冷蔵庫で、1年くらいで飲みきりましょう。

材料

梅……………………………1kg
白砂糖…………………………1.1kg

＊発酵をスムーズに進めるためには白砂糖がおすすめです。

分量早見表

梅300g
＋白砂糖 330g

梅500g
＋白砂糖 550g

梅2kg
＋白砂糖 2.2kg

One Point

梅の実の活用方法

取り出した梅は種を取りのぞき、フードプロセッサーなどにかけてジャムとして食べるとよいでしょう。すぐに食べきるなら加熱も不要です。

ぷくぷくしない場合もあります

シュワシュワと泡立つように発酵する場合が多いのですが、場合によってはあまり泡立ちが見えないこともあります。それでも2週間程度経っていれば十分に発酵しているので、酵素ジュースとしてお飲みいただけます。

梅シロップをもっと楽しむ

できあがった梅シロップは様々な楽しみ方があります。

爽やかな香りと味で
おいしさアップ

フルーツ割り

作り方

季節のフルーツを適当な大きさにカットして、梅シロップに5〜6倍の量の水を注ぎます。

- フルーツをつぶしながら飲むとおいしさアップ。
- 写真はきんかんですが、かんきつ類、イチゴ、キウイフルーツなどお好みのフルーツでどうぞ。

寒い季節におすすめ
心もほっこりする飲み物

ホット梅シロップ

作り方

梅シロップ適量に熱湯を注ぎます。

- 梅シロップは5〜6倍に薄めるのが目安。お好みで増減を。

ベースの梅シロップの作り方 →P96

基本の梅シロップ以外の梅シロップでも同様に楽しめます。

ヨーグルト風のとろみ
手軽なデザート感覚でどうぞ

豆乳割り

作り方

梅シロップに5～6倍の量の豆乳を注ぎます。

- 豆乳の代わりに牛乳でもOKです。

さっぱりと上品な甘さ
トマトが苦手な方にも

トマトジュース割り

作り方

梅シロップに5～6倍の量のトマトジュースを注ぎます。お好みで増減を。

- トマトジュースのクセも消えて飲みやすく。

梅のシフォンケーキ

ケーキ型がなくても作れるミニシフォン

作り方

1 卵は室温に戻し、卵黄と卵白に分けます。梅シロップとごま油は40℃くらいに温めておきます。

2 卵黄と梅シロップをボウルに入れて泡立て器でよく混ぜ、白っぽくふわりとしたら、ごま油を入れてさらに混ぜます。

3 ふるった薄力粉とベーキングパウダーを加え、ゴムベラでさっくり混ぜておきます。

4 卵白をハンドミキサーで泡立て、グラニュー糖を3回に分けて加え、その都度よく泡立ててかたいメレンゲを作ります。

5 メレンゲの1/3の量を 3 に加えて、よく混ぜます。

6 残りのメレンゲも加えて、ゴムベラで下から回すようにしながら、泡をくずさないように混ぜます。

7 型に生地を流し入れ、170℃に温めたオーブンで 10〜15分焼きます。

8 焼き上がったら、ふくらみがつぶれないように、竹串を刺して、逆さに返した状態で、完全に冷まします。

材料 （直径約 5cm のマフィン型約 5 個分）

卵黄生地

- 卵黄 ……………… 2 個分
- 梅シロップ ……… 30 ml
- 太白ごま油 ……… 25 ml
- 薄力粉 …………… 35 g
- ベーキングパウダー … 小さじ1/2

メレンゲ

- 卵白 ……………… 3 個分
- グラニュー糖 …… 30 g

コラーゲンたっぷり梅のグミ

独特の食感と透明感ある色合いがうれしいデザート

材料（直径約3cmの型5〜6個分）

梅シロップ	60ml
水	45ml
粉ゼラチン	10g
水あめ	小さじ1
サラダ油（型に塗ります）	適量

作り方

1 鍋に梅シロップ、水、水あめを入れて火にかけます。沸騰したら火を止めて、粉ゼラチンを加えてよく溶かします。

2 サラダ油を薄く塗った型に 1 を流し入れ、冷蔵庫で冷やし固めます。

アレンジ方法

固めたあとに好みの大きさに切っても
シリコンなどの小さな型に入れて固めてもいいし、大きな器に入れて固め、あとから小さく切り分けたり、型抜きしても。プリプリッとした食感が楽しいデザートです。

梅やシソを入れても
細かく刻んだ梅やシソなどを入れて固めても楽しいです。その場合は型に流し入れる際に加えましょう。

基本の梅酒

あっという間に仕込み終了。熟成の楽しみもあります

梅仕事ビギナーにも挑戦しやすいのが梅酒。簡単な仕込みを終えたら、そのままほったらかしておけば、おいしくできあがります。さらに何年も熟成させるのが楽しみです。

梅の豊かな
香りとコク
大人の楽しみです

作り方の流れ

5〜6月

仕込み

青梅ならすっきり爽やかな味わいに、熟した梅なら香り高いコクのある味わいに。どちらもおいしいです。おいしい焼酎を選べばさらにおいしくなります。

⬅

3ヶ月後〜

できあがり

漬け込みをして、約3ヶ月後から飲むことができます。時間が経てば経つほど、旨味が深まりますので、ずっと保存しておくのも楽しみです。

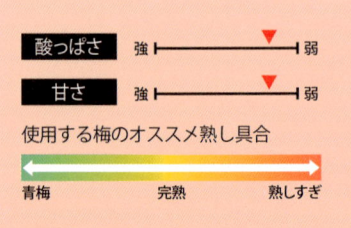

酸っぱさ　強 ―――― 弱

甘さ　強 ―――― 弱

使用する梅のオススメ熟し具合

青梅　完熟　熟しすぎ

作り方

1 梅を洗い、青梅の場合は、水に浸けてアク抜きをします。

→P19

2 梅の水気を拭き取ります。 →P19

3 消毒した容器に梅と砂糖を入れ、焼酎を注ぎます。

果実酒用のガラスびん、密閉できるガラスびんなどを使いましょう。写真では氷砂糖を使用しています。

4 常温で置いておきます。

3ヶ月～半年程度で少しずつ色づいてきて、年々色は濃くなってきます。置く場所は、直射日光の当たらない室内であればどこでも構いません。

できあがった梅酒を
さらにアレンジするなら →P114

材料

梅……………………500g
焼酎（ホワイトリカー）…900ml
砂糖…………………200g

＊甘さ控えめのレシピです。甘くしたい方は砂糖600～700gで作ってください。
＊焼酎の選び方はP12参照。

分量早見表

甘さ控えめなら

梅300g
焼酎 540ml ＋ 砂糖 120g

梅1kg
焼酎 1.8ℓ ＋ 砂糖 400g

甘くするなら

梅300g
焼酎 540ml ＋ 砂糖 420g

梅1kg
焼酎 1.8ℓ ＋ 砂糖 1400g

One Point

砂糖はお好みのもので

氷砂糖はゆっくりと旨味を引き出してくれるので、梅酒作りにはおすすめですが、それ以外の砂糖でももちろんおいしくできます。様々な砂糖をブレンドしてもよいでしょう。

甘い梅酒が苦手な方こそ手作りで

市販の甘い梅酒が苦手という方はぜひ手作りしてみてください。砂糖の量を控えめにすると、すっきりとした旨味のある仕上がりになり、梅酒のおいしさを発見できるはずです。

ブランデーやウイスキーなど、多彩な味わい

お好みのお酒で作る梅酒

好きなお酒に
好みの熟し加減
自分仕様です

お好みのお酒で作ると、楽しみはさらに広がります。漬け込んだ梅のおいしさにもこだわるならブランデーです。お菓子作りなどに活用もできます。

酸っぱさ　強 ― 弱

しょっぱさ　強 ― 弱

使用する梅のオススメ熟し具合

青梅　完熟　熟しすぎ

作り方の流れ

5～6月

仕込み

青梅ならすっきり爽やかな味わいに、熟した梅なら香り高いコクのある味わいに。どちらもおいしいです。お好みでフルーツを一緒に漬け込んでも。

3ヶ月後～

できあがり

漬け込んで、約3ヶ月後から飲むことができます。お酒によって、また好みによって、ベストな飲み頃は異なりますので、時々味見をしてみるとよいでしょう。変化の楽しみがあります。

作り方

1 梅を洗い、青梅の場合は水に浸けてアク抜きをします。 →P19

2 梅の水気を拭き取ります。 →P19

3 容器に梅と砂糖を入れ、お酒を注ぎます。

ここではブランデーで漬け込んでいます。果実酒用のガラスびん、密閉できるガラスびんなどを使いましょう。少量ずつ色々なお酒で漬けるのも楽しみです。写真では氷砂糖を使用しています。

4 常温で置いておきます。

透明なお酒でも、3ヶ月〜半年程度で少しずつ色づいてきて、段々と色は濃くなってきます。置く場所は、直射日光の当たらない室内であればどこでも構いません。

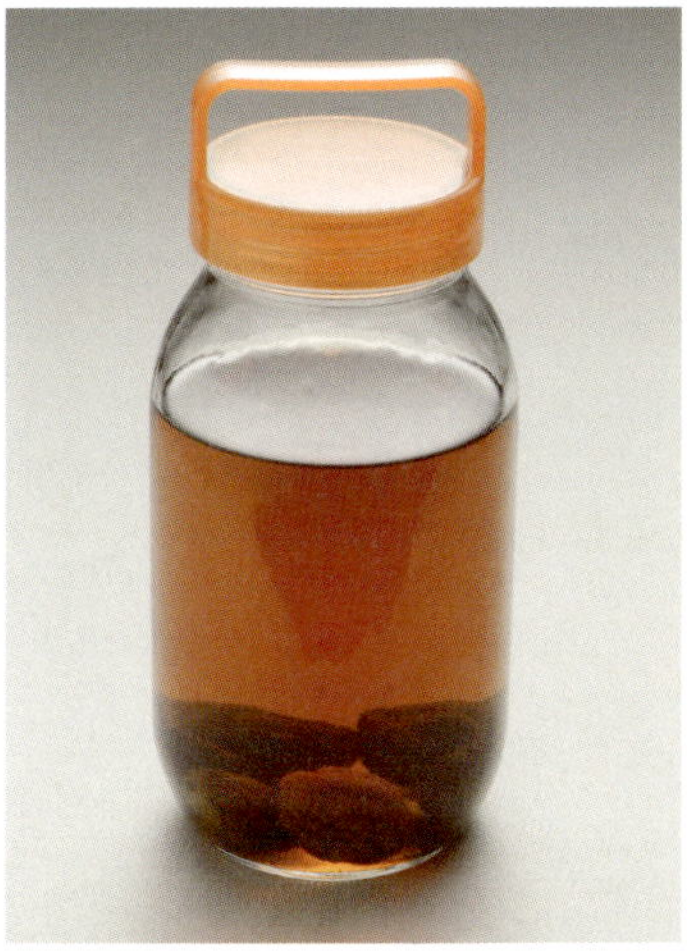

材料

梅……………………250g
ブランデー…………500ml
（お好みのお酒）
砂糖…………………150g

＊砂糖はお好みで増減してください。

分量早見表

泡盛の場合
梅250g
酒 500ml ＋ 砂糖 70 〜 100g

ジンやウォッカの場合
梅250g
酒 500ml ＋ 砂糖 50 〜 100g

ウイスキーの場合
梅250g
酒 500ml ＋砂糖 100g

＊お好みで調整してください。

One Point

砂糖はお好みのもので

氷砂糖はゆっくりと旨味を引き出してくれるので、梅酒作りにはおすすめですが、それ以外の砂糖でももちろんおいしくできます。様々な砂糖をブレンドしてもよいでしょう。

お好みのお酒で楽しむことができます

ラムやジン、ウォッカ泡盛などに漬けるのも楽しいものです。アルコール度数が35度以上のお酒で作りましょう。

梅酒をもっと楽しむ

ロックや水割りで楽しんだら、アレンジ梅酒もトライ。

くつろぎたい時に
すっきりした香りがよく合う

ジャスミン茶割り

作り方

梅酒に7～8倍の量の熱いジャスミン茶を注ぎます。

- アールグレイ紅茶などもおすすめです。

カクテル感覚で気軽に
おもてなしの飲み物にも

ジュース割り

作り方

梅酒に7～8倍の量のジュースを注ぎます。

- 梅酒は7～8倍に薄めるのが目安。お好みで増減を。
- グレープフルーツ、オレンジなどお好みのジュースでどうぞ。ハーブを浮かべてもおいしいです。

ベースの梅酒の作り方 →P108

焼酎で漬け込んだ「基本の梅酒」を使ったレシピです

季節のフルーツをたっぷりと
つぶしながらどうぞ

フルーツ割り

作り方

季節のフルーツを切って、梅酒に加えます。
お好みで水を加えて。

- 写真は柿ですが、お好みの季節の果物でお試しください。

定番のソーダ割り
爽快感いっぱい

ソーダ割り

作り方

梅酒に7〜8倍の量の炭酸水を注ぎます。
お好みで氷を浮かべて。

- 梅酒の梅を食べながら飲んでもいいでしょう。

梅酒にプラスひと手間でもっと楽しむ

少量ずつ作ることができて、梅酒をさらにおいしく変身させます。

**お好みのスパイスを入れるだけ
大人好みの梅酒に変身！**

スパイス梅酒

材料

梅酒……………………400ml
スパイス（お好みで）
シナモン……………1本
クローブ……………3粒
カルダモン…………5粒
グラックペッパー…5粒

作り方

梅酒にお好みのスパイスを入れておくだけ。2～3日で香りを楽しめる梅酒になります。梅の実は入れても入れなくてもどちらでもOKです。

One Point

チャイ用のミックススパイスが便利

スパイス風味の紅茶（チャイ）を作るためにミックスされたスパイスを使うと簡単です。粉末では舌触りが気になるので、ホールのスパイスで漬け込みましょう。

ベースの梅酒の作り方 →P108

焼酎で作った「基本の梅酒」がアレンジしやすいです。

季節の味わいを漬け込む
気軽なお酒

フルーツ梅酒

材料

梅酒……………………200 ml
季節のフルーツ………適量

作り方

フルーツをよく洗って水気を拭き、適当な大きさに切って梅酒に入れます。飲む直前に作って、早めに飲み切りましょう。

- お好みのフルーツでOK。ブレンドしてもよいでしょう。

ほのかな渋みを楽しむ
上品テイストの梅酒

紅茶梅酒

材料

梅酒……………………200 ml
ティーバッグ…………1 袋

作り方

梅酒にティーバッグを入れて1～2日で香り高い味に。長く置きすぎると渋味が出るので、早めにティーバッグを取り出します。

- チャイやアールグレイなど香りのある紅茶やジャスミンティーなどもおすすめです。

梅酒のサヴァラン

ブランデーで漬けた梅酒で作るとさらに絶品

材料 (2人分)

バゲット	2切れ
梅酒	大さじ1～2
砂糖	大さじ2
熱湯	50ml
生クリーム（トッピング用）	適宜
粉砂糖（トッピング用）	適宜

作り方

1. ボウルに熱湯と砂糖を入れよく溶かし、梅酒を加えます。
2. バゲットを 1 に浸し、中まで浸み込んだら170℃に余熱しておいたオーブンで2分焼きます。
3. 器に盛り、生クリームと粉砂糖をトッピングします。

アレンジ方法

ドライフルーツ入りのパンでも

バゲットの代わりに、ドライフルーツやナッツがたっぷり入ったパンを選ぶと、さらにおいしくなります。

梅酒の生チョコレート

とろりと贅沢な口溶けとふんわり香る梅

材料（12 ×7.5cmの角型1つ分）

ブラックチョコレート …	200g
梅酒 ……………………	大さじ1
生クリーム ……………	50ml
ココアパウダー ………	適量

作り方

1. チョコレートを適当な大きさに割ってボウルに入れます。生クリームを沸騰する直前まで熱して、チョコレートにかけ、なめらかになるまで混ぜながら溶かします。
2. 1に梅酒を加えてよく混ぜ、クッキングシートを敷いた型に流し入れ、冷蔵庫で1時間冷やし固めます。
3. 食べやすい大きさに切り分け、ココアパウダーをまぶします。

アレンジ方法

梅の実を加えても

梅酒の梅を刻んで混ぜ込んでもおいしく仕上がります。もしくは、梅干しを刻んで混ぜ込むのも梅干し好きにはうれしいレシピです。この場合の梅干しは、かためのものを選ぶと食感も楽しめます。

ルビー色の美しい飲み物。夏バテにも効果的です

シソジュース

暑い日に
飲みたい
爽やか味

初夏の赤ジソが出回る時期にだけのお楽しみ、赤ジソのエキスたっぷりのジュースです。飲む時に梅酢をちょっぴり入れると味がひきしまります。ゼリーやシャーベットも作れます。

酸っぱさ　強 ― 弱

甘さ　強 ― 弱

作り方の流れ

6〜7月

仕込み

地域によりますが6〜7月くらいが赤ジソの出回り時期です。購入したら、できれば早めに作業をしましょう。すぐに作業できない場合は、冷蔵庫へ。

年間

青ジソならいつでも作れます

同じ作り方で「青ジソ（大葉）」でも作ることができます（青ジソの場合はクエン酸や酢は不要です）。安く手に入った時などに作るといいでしょう。味は赤ジソのジュースに比べて、すっきりとしています。色は赤くはなりません。

作り方

1 シソを水で洗います。

2〜3 回は水を替えて洗いましょう。

2 鍋に湯を沸かし、シソを入れて5分間煮ます。

3 シソを取り出します。

軽く絞ってから取り出します。シソは刻んで煮込み、醤油などで味付けすれば佃煮風の一品になります。

4 砂糖を入れて煮溶かします。

5 火を止めてクエン酸（もしくは酢やかんきつ果汁）を加えます。

黒く濁っていた色が一瞬にして鮮やかな赤色に変化します。

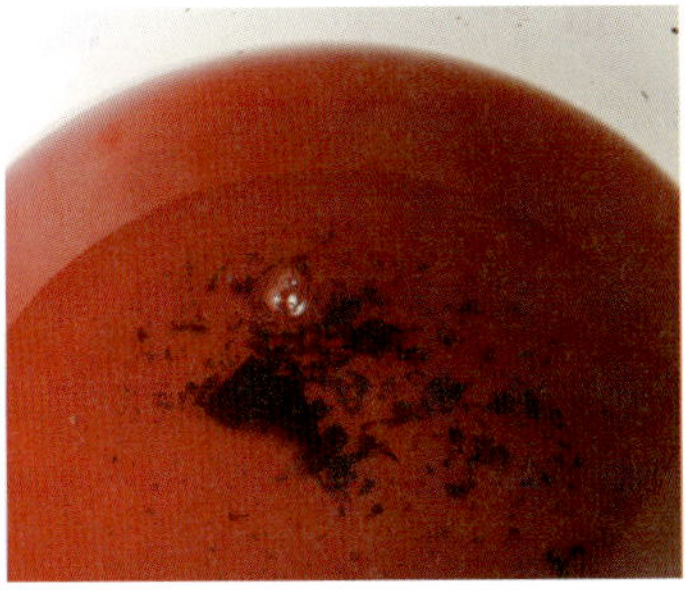

6 冷蔵庫へ。

冷めたらペットボトルや容器に移して冷蔵庫で保存します。1ヶ月くらいで飲みきりましょう。

シソジュースを使った簡単レシピ

シソゼリー

寒天やゼラチンを入れて冷蔵庫で冷やし固めると、デザートに。冷凍庫で凍らせて(時々かき混ぜる)、シャーベットにするのもおすすめ。

材料

赤ジソ…………1束（200g 程度）

水…………………500ml

クエン酸 ………小さじ1/2

（小さじ 1 の酢 or かんきつ果汁でもよい）

砂糖……………150g

＊砂糖も酢もお好みのもので。酢はリンゴ酢がよく合います。

分量早見表

赤ジソ2束

砂糖 300g ＋ 水 1ℓ
＋ クエン酸小さじ 1

濃縮タイプ

赤ジソ1束

砂糖 200g ＋ 水 500ml
＋クエン酸小さじ1

＊クエン酸は倍量の酢と置き換えてもOKです。

One Point

クエン酸でも酢でもどちらでも

赤いシソの色を鮮やかに出し、味を整えるために入れます。クエン酸であればシソの味そのものを味わえますし、酢であれば酢の風味がほのかに感じられます。米酢やリンゴ酢などがおすすめです。

砂糖もお好みで

白砂糖、きび砂糖のほか、黒砂糖でもおいしく仕上がります。

梅干しを使ったスイーツ

ご飯専用と思われがちな梅干しですが、スイーツ作りにも活躍します。

干し梅

しっかり干すことで旨味がさらに深まります

作り方

1 梅干しを軽くもんで、果肉から種を外しやすくします。

2 箸などで梅干しに穴をあけて、種を取り出します。

3 形を整えます。

4 ざるにクッキングシートを敷いて、**3** の梅干しを並べます。

5 天気のいい日に2〜3日干します。

- 取り出した種は梅醤番茶 →P86 などにどうぞ。
- シソを一緒に干してもよいでしょう。
- 1ヶ月くらいで食べきりましょう。

材料

梅干し ……………… 適量

One Point

甘めの干し梅にしたい場合は

水に1〜2日浸けて塩抜きしてから、砂糖を軽くまぶして干します。砂糖と水で軽く煮立ててから干してもよいでしょう。

梅干しシリアルバー

焼くことで梅干しの旨味が際立ちます

材料 (12 ×2.5cm 8 本分)

A 全粒粉 (薄力粉でもOK) ……100g
オートミール……………100g
砂糖…………………………30g

B レーズン……………………30g
(ぬるま湯で戻し、刻んでおくとよりよい)
ひまわり、かぼちゃの種……計40g
(お好みのナッツでも)
白いりごま………………10g
梅干しの皮………………大1個分
(1〜2cm 程度にちぎっておく)

豆乳 ……………………… 50〜60ml
菜種油 (お好みの油)……………30ml
梅干し、赤ジソ(トッピング用)……適宜

作り方

1 ボウルにAを入れ、よく混ぜ合わせます。

2 1にBを加えてさらに混ぜます。

3 菜種油を加え、粘りが出ないよう木ベラで切るように混ぜ合わせます。

4 豆乳を少しずつ加え、ひとまとまりになるくらいのかたさに調整します。

5 4の生地を12×20cm、厚さ1cm程度の大きさに成形します。ラップにはさむとやりやすいです。

6 8等分に切り分け、ちぎった梅干しとシソをトッピングして180℃に余熱しておいたオーブンで25分焼きます。焼き上がりの目安は箸で生地を叩いた時にコンコンと音がするくらい。

梅干し餡のどら焼き

ほどよい塩気が甘さを引き立てます

作り方

1 ボウルに卵を溶きほぐし、砂糖を加えて混ぜます。

2 牛乳を加えてさらに混ぜます。

3 薄力粉とベーキングパウダーを合わせてふるい入れ、さっくりと混ぜ合わせたら、みりんを加えて混ぜます。

4 フッ素樹脂加工のフライパンを熱し、直径7cmになるように生地を流し入れます。

5 表面に気泡ができたら裏返し、両面を色よく焼き上げます。

6 焼き上がったら、乾燥しないようにふわっとラップをかけておきます。

7 白餡と梅を混ぜます。

8 焼き上がったどら焼きの皮2枚一組にし、7を大さじ1ずつはさみます。

材料 (6個分)

卵	1個
砂糖	25g
牛乳	100ml
薄力粉	100g
ベーキングパウダー	小さじ$1\frac{1}{2}$
みりん	大さじ1
白餡	200g
梅干し (種を取って叩いておく)	1個

アレンジ方法

お好きな餡でどうぞ

小豆の餡でももちろん構いません。赤ジソをよく絞って刻んだものを混ぜ込んでも、おいしいです。

梅干しゼリー

ふんわりと梅が浮かぶ和菓子風のゼリーです

材料（2人分）

水	300ml
梅干し	2個
砂糖	30g
粉ゼラチン	5g
梅シロップ（お好みで）	適宜

アレンジ方法

赤ジソ入りもできます

よく絞ったシソを少々加えても美しい仕上がりになります。

作り方

1. 梅干しは種を取って、粗みじん切りにしておきます。
2. 鍋に水、1の梅干し、砂糖を入れて火にかけ、煮立ったら火を止めて、ゼラチンを加えてよく溶かします。
3. 2を容器に入れて、冷蔵庫で2時間以上冷やします。途中でかき混ぜると、梅干しが浮かんだ状態で固まります。
4. 食べる直前にお好みで梅シロップをかけます。

梅干しおからパウンドケーキ

誰もが好きになるしっとりと優しい甘さです

材料（18×7.5×7cmのパウンド型1台分）

無塩バター	100g
砂糖	80g
卵	2個
薄力粉	50g
おから	100g
ベーキングパウダー	10g
梅干し	3個
白いりごま（あれば生のごま）	大さじ1

作り方

1. 梅干しは種を取って、粗みじん切りにしておきます。
2. ボウルに室温に戻したバターと砂糖を入れて、泡立て器で白っぽくなるまで混ぜ、さらに溶いた卵を少しずつ加えて混ぜ合わせます。
3. 2 におからを加えて混ぜ、さらに薄力粉とベーキングパウダーを合わせてふるいながら加え、さっくりと混ぜます。
4. 1 の梅干しを加えて混ぜたら、クッキングシートを敷いた型に流し入れ、上に白ごまをふって、170℃に余熱しておいたオーブンで35〜40分焼きます。

アレンジ方法

カップ型で作ってもよいでしょう

小さなカップ型に入れて焼いてもかわいい仕上がりです。

赤ジソを使ったスイーツ

余りがちな梅干しの赤ジソはスイーツ作りの味方です。

シソ入りエナジーボール

小腹がすいた時に。自然の甘味だけのおやつです

材料（直径約2.5cmのもの10個程度）

デーツ	50g
レーズン	50g
カシューナッツ	50g
クルミ	50g
赤ジソ	大さじ2

＊デーツの代わりに干し柿を使ってもおいしく仕上がります。デーツ（もしくは干し柿）があったほうがうまくまとまりますが、レーズンはほかのドライフルーツに代えても構いません。ナッツはお好みのもので。

作り方

1 すべての材料を細かく刻みます。

2 1をよく混ぜ合わせて、手で丸めます。

＊フードプロセッサーを使うとより簡単にできます。ナッツとドライフルーツはそれぞれ別に撹拌して入れたほうが食感がよくなります。

アレンジ方法

梅干しを入れてもよいでしょう

梅干しを細かく刻んで混ぜてもおいしく仕上がります。ほどよい塩気が甘さを引き立ててくれるのです。

シソ風味の白玉小豆

シソの風味とつるりとした食感が魅力です

材料

白玉粉 ……………… 40g
水 …………………… 30g
赤ジソ ……………… 10g
梅シロップ ………… 適宜
（トッピング用）
ゆであずき ………… 適宜
（トッピング用）

＊最後にかける甘味は梅シロップの代わりにはちみつ、メープルシロップ、ガムシロップなどを使っても構いません。

作り方

1 シソはよく絞ってみじん切りにしておきます。

2 ボウルに 1 のシソ、白玉粉、水を入れてよく混ぜながらこねます。

3 2 を直径2㎝くらいに丸めて、沸騰したお湯に入れゆでます。浮いてきたら、冷水に取って冷まします。

4 器に 3 、ゆであずきを盛りつけ、梅シロップをかけます。

アレンジ方法

食事メニューにも

シソ風味の白玉は甘味をつけていないので、おすましに入れるなど、食事のメニューとしても楽しむことができます。

シソとごまのスノーボール

口の中でほろりとくずれるクッキーです

作り方

1. ボウルに室温に戻したバターを入れ、泡立て器で柔らかくします。
2. シソは水気をしっかりきって、みじん切りにし、1に加え混ぜます。
3. 人肌くらいに温めた牛乳を入れて混ぜます。
4. 薄力粉をふるいながら入れて、さっくり混ぜます。
5. すりごまを入れ、さらにさっくりと混ぜます。
6. 生地をラップに包み、少なくとも1時間（できれば一晩）寝かせます。
7. 直径2～3cmに丸めてクッキングシートを敷いたオーブン皿に並べ、150～160℃に余熱しておいたオーブンで30分焼きます。そのままオーブンの中に10分間置いて乾燥させます。
8. 粗熱が取れたら、ひとつひとつ和三盆をからめます。

材料

無塩バター ………… 100g
薄力粉 ………………… 180g
白すりごま ………… 50g
赤ジソ ………………… 30g
牛乳 …………………… 大さじ1
和三盆（粉砂糖でも可）… 適量

STAFF

編集・制作
小川睦子

撮影
野口彰一、長谷川勝一、梅干研究所

デザイン
嶋小百合（スタジオ ブロンクス）

協力
柳瀬隆子（梅干研究所）、スタジオブロンクス、
じゃがいも村（福岡県糟屋郡新宮町）、
自然食品店ナチュ村（福岡県福岡市）、菅原千帆

企画・編集
朝日新聞出版 生活・文化編集部（森香織）

はじめてでもおいしくできる
梅《うめ》干《ぼ》し・梅《うめ》レシピの基本《きほん》

監　修　小川睦子
発行者　片桐圭子
発行所　朝日新聞出版
〒104-8011　東京都中央区築地5-3-2
（お問い合わせ）infojitsuyo@asahi.com
印刷所　大日本印刷株式会社

ISBN 978-4-02-333032-0

小川《おがわ》 睦子《ときこ》
（梅干研究家トキコ）

梅干研究所（UMEBOSHI-LABO）主宰。梅干研究家であり、編集者＆ライターでもある。幼少の頃より梅干しをこよなく愛し、梅干しの研究に励む傍ら、梅干しの魅力と梅干し作りの楽しさを伝える活動を関東と福岡を中心に行う。簡単にできる梅干し作りや梅干しを使った料理などの講座も好評。自然食品店などでは手作りの梅干しも販売する。
http://umelabo.org

料理制作・スタイリング
上島《かみしま》 亜紀《あき》

料理家・フードコーディネーター＆スタイリスト。女性誌を中心に活動し、企業のレシピ監修、提案も行う。パン講師、食育アドバイザー、ジュニア・アスリートフードマイスター取得。主な著書は『野菜たっぷりスープの本』（朝日新聞出版）、『本当においしい！ とほめられる毎日かんたん！ 作りおき＆ごちそうおかず』（ナツメ社）、『塾ごはん』（幻冬舎）。